범죄는 나를 피해가지 않는다

여성의 안전을 위한 범죄 심리

범죄는
나를
피해가지
않는다

오윤성(순천향대 경찰행정학과 교수) 지음

NOW
BOOK

시작하며

십 수 년 전 한 여고생이 성폭행을 당한 뒤 살해되어 시신으로 발견됐다. 경찰은 피해자 시신에서 범인의 것으로 추정되는 DNA를 확보했지만, 2년여의 수사 끝에 이 사건은 결국 미제로 남고 말았다. 피해자의 아버지는 슬픔에 못 이겨 술로 세월을 보내다 스스로 목숨을 끊었다.

10여 년이 지나 DNA법이 통과된 후 대조작업을 해보니 범인은 사람을 둘이나 죽여 이미 무기수로 복역 중인 사람이었다. 범인의 DNA를 갖고 교도소를 찾은 형사들 앞에서 무기수는 생사람을 잡는다고 펄쩍 뛰었다. 그리고 자신의 DNA검사를 다시 해줄 것을 요구했다. 검사 결과 99.9999…퍼센트 일치. 경찰이 찾던 그놈이었다.

검찰 송치 후 범인은 전략을 바꾸었다. 성관계는 했지만 죽이지는 않았다고. 검찰은 증거 불충분으로 불기소 처분을 내렸고, 피해자의 유가족은 오열했다. 13년이 지나서 겨우 범인을 찾았는데 그를 처벌할 수 있는 길이 없어 보였다. 더구나 범인은 얼마 후 가석방될 가능성이 컸다. 가석방에 필요한 점수를 거의 따 놓고 세상에 나올 생각으로 들떠 있었다.

20대 후반에 이미 전과 9범으로 사람을 둘이나 살해하고 복역 중인 무기수. 여고생을 살해한 사실이 과학적 증거에 의해 드러났지만 수사기관을 농락해 법적 허점을 뚫고 가석방이 될지도 모르는 무기수. 그 40대 초반의 무기수가 정말로 가석방이 된다면 그다음 일어날 상황은 뻔한 것이 아닐까? 그런 자가 세상에 나가 활보하면 잠재적 피해자, 특히 여성 몇 명의 죽음은 이미 예약된 것이나 다름이 없을 것이다.

다행히 관련 방송이 나간 뒤 경찰과 검찰의 수사를 거쳐 이 성폭행 및 살인 사건은 1심에서 무기징역이 선고됐다. 무기수에게 무기징역이 무슨 의미가 있을까 궁금할 것이다. 피해자 유가족의 한을 조금이나마 풀어줄 수 있다는 것, 그리고 가석방을 막아 그 괴물을 세상과 영원히 격리시킬 수 있다는 것이 다행스럽다.

인간은 약한 상대를 공격한다. 상대가 강하거나, 공격했을 때 돌아오는 대가가 클 거라는 생각이 들면 주춤한다. 함부로 공격하지 못한다. 범죄자들이 범행 대상을 고를 때도 마찬가지다. 그래서 여성이 남성보다 피해 위험이 더 큰 것이다.

범죄를 구성하는 데에는 두 가지 힘이 존재한다. 바로 '범죄를 일으키는 힘'과 '억제하는 힘'이다. '범죄를 일으키는 힘'은 범죄자의 마음에서 나온다. 범죄를 저지르고 싶은 욕구와, 범행 대상을 보고 유혹을 느끼는 마음이다. 대상이 사람이건 금전이건 상관없다. 그 마음은 상대를 만만하게 보거나 금전적 가치를 높게 평가해서 한 번 저질러보고 싶어 하게 만든다. 피해자의 처신이 중요한 이유가 여기에 있다. 범죄자에게 만만하게 보이거나 물건 간수를 잘 하지 못하면 범죄자의 범죄 욕구에 부채질을 하게 된다.

범죄를 저지르고 싶을 때 평소에 가지고 있던 도덕의식은 '범죄를 억제하는 힘'이 된다. 죄를 지어서는 안 된다고 배웠던 기억이나 죄를 지면 처벌을 받게 된다는 인식은 두려움을 부르고, 그 두려움은 범죄를 억제하게 한다. 이렇듯 범죄자의 마음속에는 범죄를 일으키거나 억제하는 힘이 있다.

한편 범죄자가 아닌 피해자로부터 범죄를 억제하는 힘이 나오기도 한다. 바로 피해자 개인의 방어력이다. 이것은 범죄자가 스스로 방어본능을 느끼게 해 범죄자 스스로 범죄를 억제하게 한다. 여기에는 다음의 세 가지가 요소가 있다. 첫째는 자기를 지키려는 의지와 지혜로, 피해자 개인의 방어력에서 가장 중요한 요소이다. 둘째는 무력으로 맞붙었을 때 범죄자에게 무력으로 대응하는 힘이고, 셋째는 집단 방어력이다.

그런데 개인이 범죄자를 대상으로 무력으로 맞붙는다는 건 매우 위험하다. 준비하고 덤비는 자에게 불시에 당한 피해자는 범죄자에게 효과적으로 대처하기 어렵다. 특히 약한 상대인 여성이 무력으로 대항하기란 거의 불가능하다. 오히려 역효과를 가져올 수 있다. 또 피해를 방지하기 위해 집단 방어력을 구사하는 것은 좋은 방법이지만, 혼자 사는 사람들이 늘고 있는 요즘은 주변 사람들과의 연계가 필요한 이 방법을 사용하기 그리 쉽지 않다. 따라서 사법 기관의 통제작용에 의한 공적 방어력을 잘 활용하기 위해 평소에 개인이 범죄 예방 시스템을 잘 숙지하고 연계시켜놓는다면 좋을 것이다. 이러한 이유로 피해자 개인의 방어력에서는 자기를 지키려는 의지와 지혜가 가장 중요하다. 이것은 가장 효과적이고 현실적인 대응 방법이다. 이와 더불어 범죄자가 범죄 대상을 볼 때 유혹을 느낄 수 있는 상황을 만들지 않는 것 또한 필요하다.

이 책에서는 범죄 공식에서 주어진 여러 가지 요소를 하나씩 살펴보면서, 피해자 입장에서 범죄에 효율적으로 대처할 수 있는 방법을 알아볼 것이다. 그 첫 번째는 범죄를 일으키는 힘을 약화시키는 방법이다. 안타깝게도 피해자 입장에서는 범죄자 개인이 가지고 있는 도덕심을 자극하거나 범죄 욕구를 약화시킬 수 있는 방법이 없다. 피해자가 영향을 끼칠 수 있는 영역이 아니기 때문이다. 대신 범죄자가 피해자를 만만하게 볼 수 없도록 피해 대상으로서의 유혹 강도를 최대한 낮추어 범죄자 스스로 포기하게 만들 수는 있을 것이다. 이는 범죄자가 범행 대상에 대해 흥미가 없도록 만들거나 범행 필요성을 느끼지 못하게 하는 방법이라고 할 수 있다. 소극적 방법이긴 하지만 결코 무시할 부분이 아니다.

다음은 피해자 스스로 적극적으로 자신을 지키기 위해 다양한 방법을 사용하는 것이다. 무력을 사용해 범죄자와 직접 부딪히는 것보다는 지혜와 의지를 이용해 범죄 예방을 하는 것이 효과가 있다.

범죄는 얼핏 복잡해 보여도 일정한 패턴을 유지하면서 발생한다. 범죄자 스스로 범행 수법을 개발하기도 하지만 범죄 발생 분석을 해보면 범죄는 대개 일정한 형태로 이루어진다. 그렇기 때문에 이미 발생한 피해 상황을 살펴보는 것이 중요하다.

다양한 케이스를 통해 범죄자가 피해자에게 접근한 방법과 피해를 당한 피해자의 약점이 무엇이었는지 파악하여 보완해가야 한다. 개인의 힘뿐 아니라 CCTV 등 과학기술 장비, CPTED(환경실계를 통한 범죄 예방) 같은 환경설계 등을 활용해 적극적으로 대응해야 하고, 나아가 집단 방어력, 국가사법 기관의 공적 방어력과 연계시켜나가야 한다.

최근 사회의 불안정한 분위기는 앞으로 범죄발생이 양적으로 늘어나고 질적으로 지능화되거나 잔혹해질 것을 예고하고 있다. 범죄는 끊임없이 진화한다. 그렇기 때문에 진화하는 범죄 수법을 알고 대처 방법을 생각해야 한다. 이 세상엔 가정이 없다. '만약 그때 그랬더라면'이라는 후회를 하기 전에 미리 대비해야 한다. 이 책은

한 사람의 운명과 한 집안의 운명을 결정할 수 있는 중요한 고비와
순간을 어떻게 넘을 수 있을까 하는 생각에서 시작되었다.

목
차

2장 성범죄

3장 스토킹

4장 데이트 폭력

5장 불법촬영 범죄

6장 기타 범죄

1장

침입
범죄

늦은 밤
나를 따라오는
남자

Q 원룸에 혼자 사는 직장인 여성입니다. 잦은 야근과 긴 이동거리 때문에 늦은 시간에 귀가하는 경우가 많습니다. 그런데 집 근처 어두운 골목길에서 저에게 이상한 시선을 보내는 한 남성을 마주칠 때마다 너무 불안합니다. 그 남자를 본 날이면 혹시나 하는 마음에 집에 들어간 다음에도 한참 동안 불을 켜지 않고 숨죽인 채 앉아 있곤 하는데요. 이런 불안감을 조금이라도 해소할 수 있는 방법은 없을까요?

밤이 되면 찾아오는 어둠은 범죄를 도모하는 범죄자에게 안정을 준다. 그래서 늦은 시간에 귀가하는 여성은 범죄자의 좋은 목표가 된다. 요즘은 벌건 대낮에 사람이 많은 곳에서도 여성을 납치하는 세상이다. 늦게 귀가하는 직장인이나 학생은 대부분 일정한 시각에 일정한 동선으로 움직이는데 범죄에 노출될까 봐 일부러 빙빙 돌아 집으로 갈 수 도 없는 노릇이다.

다음과 같은 범죄 사례가 있다.

> 새벽 두 시경 원룸촌을 배회하던 A는 같은 날 새벽 세 시경 귀
> 가하던 피해자 B를 보고 욕정을 느껴 강간하기로 마음먹었다.
> 밖에서 관찰하던 중 원룸에 불이 켜져 피해자 B의 원룸 위치가
> 확인되자 A는 B가 잠들 때까지 원룸 근처를 배회했다. A는 새
> 벽 다섯 시경 원룸 뒤편 가스배관을 타고 2층으로 올라가 열려
> 있는 다용도실 창문을 통해 안으로 침입했다. A는 자고 있는 피
> 해자의 팬티를 벗기고 음부를 만지다가, 피해자가 잠에서 깨자
> 위협해 강간했다. 그리고 신고할 것을 염려하여 목을 졸라 살해
> 하였다.

늦은 시간 혼자 길을 걷다 마주치는 사람, 특히 남성은 두려움의
대상이 된다. 그냥 지나쳐버리면 상관없지만 그가 가만히 쳐다보
거나 따라오는 것 같으면 더욱 불안해진다. 그럴 때 가장 중요한 것
은 과연 저 사람이 나를 목표로 따라오고 있는지 확인하는 것이다.
이를 확인하기 위해서는 의심되는 사람을 먼저 앞서 보내면 된다.
사람이 많이 모여 있거나 불이 환한 지점에서 천천히 걸으면서 뒤
에 오는 사람을 먼저 보내본다. 실제로 상대는 자신의 길을 가고 있
을 뿐인데 상대가 뒤에 있기 때문에 나를 따라오는 것처럼 느낄 수

도 있기 때문이다. 껌이나 가벼운 음료수 등을 사러 편의점에 들어가거나 밝은 곳에서 전화를 하며 누군가를 기다리는 듯한 행동 등으로 상대를 먼저 지나치게 할 수 있다.

먼저 지나치게 했는데도 동일한 사람이 주위에 서성대거나 눈에 띄면 좋지 않은 징후이다. 상대가 나를 목표로 하고 있을 가능성이 커진다. 특히 한 번이 아니라 여러 번 그런 일이 있으면 자신의 안전에 커다란 문제가 있음을 알아차려야 한다. 이런 상황에서는 혼자만의 힘으로 대처하기 어려우므로 주변 사람에게 도움을 청해야 한다. 가족에게 도움을 청하는 게 가장 좋고, 만일 가족이 없으면 친구들에게 도움을 청할 수도 있다. 가까운 경찰 지구대에 도움을 청하는 것도 좋다.

그런데 대부분은 도움을 청하는 걸 크게 일을 벌이는 것으로 생각하고 아무런 조치도 취하지 않은 채 통상적인 활동을 계속하게 될 것이다. 이럴 때 집 근처까지 따라오는 남성을 피하기 위해 집으로 빨리 들어가려고만 해서는 안 된다. 집으로 들어가더라도 그 남성이 집 안으로 따라오지 못하게 하거나, 주거지를 노출하지 않아야 한다. 특히 혼자 생활하는 여성의 경우 의심스러운 남성이 바깥에서 자신을 지켜볼 수도 있으며, 방 호수를 확인할 수도 있다는 생각을 해야 한다. 따라서 집에 도착한 후 한동안 불을 켜지 않는 편이 좋다. 이 방법은 소극적이긴 하지만 상대에게 자신이 사는 방을 노출시키지 않는다는 점에서 효과적이다.

따라오는 사람이 청소년이라 하더라도 경계를 늦추어서는 안 된다. 청소년기는 성에 대한 관심이 가장 많은 시기다. 그러므로 이성에 대해 호기심을 느낄 때 스스로 자제하기 쉽지 않다. 오히려 이시기에는 순간적으로 느낀 성적 호기심에 상대를 따라가거나 집에 침입하려는 무리한 시도를 하는 일도 가능하다.

> 학생 A는 도서관에서 공부하던 중 바람을 쐬러 나갔다가 B와 우연히 마주쳤다. B의 뒤를 쫓아 아파트까지 따라 간 A는 오후 열한 시 사십 분쯤 아파트 1층 베란다를 통해 B의 집에 몰래 침입을 시도하다가 B의 비명을 듣고 달아났다. 집에는 B 혼자 있는 상태였다. A는 "B에게 전화번호를 물어보고 싶었다"고 말했다.

상대에 대해 연정을 느끼거나 호기심이 생겼다는 이유로 이러한 시도를 할 수도 있는 시기가 바로 청소년기이다.

더 알아보기 ◇◇◇◇◇◇◇◇◇◇◇◇◇◇◇◇◇◇◇◇◇◇◇◇◇◇◇◇◇◇

- **서울시 여성안심지킴이집**
  위기 상황 시 대피할 수 있는 장소를 제공하는 서비스로 서울 전역 주요 편의점에서 시행하고 있다. 지자체에서도 '반딧불 편의점' 등의 명칭으로 24시간 운영하는 편의점을 대피장소로 지정하고 있다. 미행이 의심될 경우 이곳으로 대피하여 안전조치를 취하는 것이 좋다.

● 서울시 여성안심귀가스카우트

밤 열 시부터 새벽 한 시까지 서비스를 신청한 여성과 함께 주거지까지 동행해주는 서비스이다. 지하철역이나 버스정류장에 도착하기 30분 전에 120 다산콜센터로 전화해 신청하면 거주 자치구 구청 상황실로 바로 연결되어 신청자와 만날 2인 1조 스카우트 이름 정보가 전달된다. 단 약속된 장소에서 스카우트와 만나 신분증을 확인한 뒤 함께 귀가해야 더욱 안전하다.

가스배관을
이용한 침입

Q 상습 성폭행 사건에 대해 심심치 않게 뉴스를 전해 듣게 됩니다. 이런 범죄자는 어떤 심리를 가지고 여성을 대하는 건지, 또 이런 상황이 닥쳤을 때 벗어날 수는 없는 건지 궁금합니다. 그리고 보통 가스배관을 타고 침입한다고 하는데, 차단할 수 있는 방법은 없나요?

특정 지역에서 범행을 저질러 OO동 발바리라는 이름이 붙여지는 연쇄 성폭행 사건이 끊이지 않고 있다.

A는 만 5년 동안 20차례에 걸쳐 대구 수성구와 남구 지역 원룸에 들어가 금품을 빼앗고 21명의 여성을 성폭행했다. 그는 야간에 여성이 혼자 사는 집에 가스배관을 타고 침입해 흉기로 위협하는 방법으로 범행을 저질렀다. 침입할 때는 스타킹이나 마스크를 이용해 얼굴을 가렸으며, 성폭행 범행 뒤에는 흔적을

없애는 등 치밀함을 보였다.

이런 종류의 범죄는 주로 가스배관이 건물 외벽에 설치되어 있는 연립주택에 사는 여성을 대상으로 벌어진다. 가스배관을 타고 침입하는 행동은 이미 잘 알려진 수법이다. 특히 여름철에는 3층 이상만 되어도 창문을 열어놓고 자기 때문에 범인들이 침입하기가 더욱 쉽다. 가스배관 침입을 방지하기 위해서는 개별적으로 움직이기보다 같은 연립주택에 사는 주민들이나 집주인 등 여러 명과 상의하여 공동으로 대응하는 것이 좋다. 예를 들어 가스배관에 철조망을 감거나 기름칠을 해놓는 것이다. 최근에는 가스배관에 특수 형광물질을 발라두는 것이 꽤 좋은 효과를 내고 있다(주기적으로 발라주어야 한다).

또한 추가적으로 가스배관 쪽으로 CCTV를 설치해놓기도 한다. 물리적 방법에 더해 심리적 압박까지 가하여 범인이 침입해 오는 상황을 막아야 한다.

침입 흔적이
있다면

Q 어느 날 집에 들어가 보니 창문이 부숴져 있고 물건이 어질러져 있었습니다. 집에 도둑이 들었다는 생각에 도난품 확인을 위해 재빠르게 집 안으로 들어갔는데요. 들어와서 확인해 보니 창문으로 침입해서 귀중품을 가지고 간 절도사건이었습니다.

출입문을 열었을 때 누군가가 침입한 흔적이 보이면 피해자는 어떻게 해야 할까? 대부분의 피해자는 이런 상황에서 도난품을 확인하기 위해 급히 집 안으로 들어가려고 한다. 그러나 이런 행동은 매우 위험하다. 범인이 집 안에서 피해자를 기다리고 있을 수도 있고, 아직 범행이 끝나지 않아 집 안에 머물러 있을지도 모르기 때문이다.

이럴 경우 범인은 자신의 범행이 발각되었다고 생각해 성폭행 같은 추가적 범행을 저지를 수도 있다(2차 범행에 의한 피해 발생). 실제로 아무도 없는 집에 침입했다가 여성이 혼자 사는 집임을 확인한 뒤, 여성이 귀가하면 범행을 저지른 사건도 있었다.

> A는 낮 오후 세 시 삼십 분쯤 서울 광진구에 있는 한 원룸의 창문을 뜯고 침입했다. 집주인 B가 귀가할 때까지 기다린 A는 B가 집에 들어오자 B를 협박해 성폭행하고 신용카드를 빼앗았다. 같은 수법으로 A는 최소 다섯 명의 여성을 성폭행했다. 피해자 중에는 두 명의 10대가 포함되어 있었다.

A는 이처럼 빈집을 제 집처럼 드나들며 생활하다 집주인이 귀가하면 범죄를 저지르는, 대담한 범행을 해왔다.

집에 들어가기 전 누군가가 창문으로 침입한 흔적을 미리 발견하는 것은, 추가 피해를 막는다는 면에서 매우 다행스러운 일이다. 주거지에 침입 흔적이 있다면 집 안으로 바로 들어가지 말고 문을 잠근 뒤 경비실에 연락해 경비원의 도움을 받아야 한다. 들어가더라도 경비원이 먼저 들어가 확인한 뒤에 들어가야 한다. 아파트가 아닌 원룸이라 24시간 근무하는 경비원이 없을 경우에는 경찰에 신고한 뒤 경찰관과 같이 집으로 들어가 확인해야 한다.

자신의 주거 공간을 남에게 보이는 것을 꺼리는 사람들도 있을 것이다. 하지만 경비원이나 경찰관의 도움 없이 직접 들어가 피해 상황을 확인하면 더 큰 피해를 입을 수 있음을 기억하자.

옷차림과 범죄 피해의
상관관계

Q 여성이라면 누구나 예쁘게 꾸미고 싶은 마음이 있습니다. 그런데 노출이 있는 옷을 입으면 범죄의 대상이 된다는 말 때문에 불쾌감을 느낍니다. 귀책사유가 여성에게 있다고 해석되는 것 같기 때문입니다. 성범죄 사건이 발생할 때마다 여성의 옷차림 이야기를 하는 사람들이 있는데 정말로 여성에게도 원인 제공의 책임이 있는 건가요? 노출이 있는 옷을 입은 여성을 보고 범죄를 결심하는 범인의 정신 상태가 문제 아닌가요?

이 문제에 대해서는 여러 논란거리가 존재한다. 여기서는 무엇이 맞는지에 관한 이야기보다 범죄 예방의 차원에서 이야기를 살펴보겠다. 먼저 이 문제와 관련이 깊은 한 사건을 살펴보자.

A는 혼자 귀가하는 여성의 뒤를 밟아 공동주택의 불이 켜지는

것을 보고 주거지를 확인한 뒤 다음 날 다시 집을 찾아가 범행했다. 이러한 수법으로 숙명여대 인근 이태원동, 청파동 하숙촌을 돌며 여대생과 여성 직장인을 대상으로 10여 차례 성폭행과 강도짓을 했다. 대학가 인근 하숙집과 원룸은 건물 현관을 잘 잠그지 않고 값싸고 허술한 방범창을 사용한다는 점을 노린 것이다. A의 범행이 이어지는 동안 이태원동과 청파동 일대에는 "밤 열 시 넘어 배꼽티를 입고 지나가면 100퍼센트 다람쥐한테 걸린다"는 소문이 떠돌 정도였다.

여성의 입장에서 가장 억울한 말 중 하나는, 노출이 심한 옷을 입은 것이 범인을 자극해 성범죄 피해 가능성을 높였다는 말일 것이다. 여성에게 원인 제공의 책임은 원칙적으로 없다. 범죄 동기화된 범인의 머릿속에서 작동하는, 범죄 먹이를 바라보는 해석 프로그램에 전적으로 책임이 있다. 하지만 어떤 이유로든 범죄는 발생한다.

범죄 공식에는 '피해자의 유혹'이라는 요소가 있다. 즉 범죄자가 피해 대상으로서의 유혹강도를 최대한 낮게 느끼게 하는 것은 매우 중요한 회피 전략이다. 이는 부인할 수 없는 사실이다.

여성에게는 자기가 원하는 패션을 선택할 권리가 있고 국가는 그러한 여성의 자유를 보장해주어야 하는 의무가 있다. 하지만 현실적으로 법은 멀고 주먹이 가까운 상황이 가끔씩 발생된다. 낙하산

연습을 할 때 낙하산이 펴지지 않을 확률이 100만분의 1이라고 설명하며 연습생들을 안심시킨다고 해보자. 그런데 막상 낙하산을 지고 허공에 몸을 날렸을 때 한 사람의 낙하산이 펴지지 않는다면, 그 사람의 낙하산 불량 확률은 100만분의 1이 아니라 100퍼센트가 된다. 유사한 법칙이 범죄 발생에도 적용된다. 결과적으로 피해를 입는 사람은 100퍼센트 확률로 피해자가 되는 것이다.

옛날부터 아버지들은 밤에 늦게 들어오거나 짧은 치마를 입고 다니는 딸에게 앞으로도 그렇게 다니면 다리몽둥이를 부러뜨리겠다는 살벌한 협박을 서슴없이 했다. 그 부모들은 피해자학을 배운 적도 없고, 범죄학 강의를 들은 적도 없지만, 경험상 그런 일들을 보아왔기 때문에 자기 자식을 보호하겠다는 부모의 본능이 발동하여 그런 말을 했던 것 같다. 즉 내 딸에게는 아무런 잘못도 없으나 잘못 동기회된 성범죄자가 딸을 만만히게 보고 범행할 수 있을 거라고 염려한 것이다.

여성에게 원인 제공의 책임이 있느냐, 노출이 있는 옷을 입은 여성을 보고 범행을 결심하는 인간들의 정신상태에 문제가 있느냐를 따지는 것은 중요하지 않다. 중요한 것은 범죄를 피할 수 있는 방법이 있다면 그 방법을 써야 한다는 것이다. 노출이 심한 옷을 입는다고 해서 모두 피해를 입는 것은 아니다. 그러나 다시 말하지만 피해를 입은 당사자는 어떤 확률이든 간에 100퍼센트 피해자가 된다.

집 안은
무조건 안전할까?

Q 지인의 소개로 소개팅을 했습니다. 상대 남성은 상당히 매너가 있었고 저를 집까지 바래다주었습니다. 그런데 집 앞에 와서는 화장실을 써도 되겠냐고 물었습니다. 소개팅 주선자와의 관계가 있긴 하지만 혼자 사는 집에 쉽게 남성을 들이는 일이 내키지 않아 머뭇거리고 있었는데, 남성이 갑자기 돌변하더니 무작정 힘으로 밀고 들어오려고 했습니다. 다행히 이웃과 마주쳐서 위기를 면했지만 지금도 생각만 하면 아찔합니다.

이 경우에는 애초에 목적이 있는 친절을 베풀었을 가능성이 크다. 상대를 안심시킨 뒤 이를 역이용하려고 한 것이다. 그런데 남자는 상대가 자신의 계획처럼 움직이지 않자 결국 힘으로 밀고 들어가려는 시도를 했다. 일단 집 안에 들어가기만 한다면 다른 사람의 개입을 완벽하게 차단할 수 있다고 생각했을 것이다.

이와 비슷하게, 끈질기게 치근대는 남성을 피해 순간적으로 내가 가장 익숙하고 안전하다고 생각하는 집으로 대피하는 경우가 있는데 이는 상당히 위험한 행동이다. 실제로 다음과 같은 사례가 있다.

A는 지난해 오전 세 시 오십 분쯤 건물 골목을 지나는 20대 여성을 발견하고 이른바 헌팅을 위해 그녀의 집 앞까지 따라갔다. A는 이 여성이 집으로 들어가자 뒤쫓아 들어간 뒤 밀어 넘어뜨리고 "반항하면 다친다"고 하며 성폭행을 시도했다.

집 앞까지 따라온 사람이 있을 경우에는 빨리 집에 들어가려는 생각에 섣불리 문을 열지 않는 것이 좋다. 왜냐하면 그 사람이 무작정 밀고 들어올 수 있기 때문이다. 일단 독립된 공간으로 들어가게 되면 사람들이 다니는 도로 등과는 전혀 다른 불리한 상황이 벌어질 수도 있다.

문을 여는 순간 힘으로 밀고 들어오는 과정에서 피해자인 여성이 남성을 이길 가능성은 매우 작다. 외출했다 들어오는 경우 적어도 의심스러운 사람과 출입문까지 같이 있는 상황을 만들어서는 안 되며, 집 안에 있는 경우에도 무조건 문을 열어주어서는 안 된다.

누군가가
현관 비밀번호를
보고 있다

Q 전자식 도어락을 쓰고 있는데, 불법카메라 등으로 비밀번호가 노출될까 봐 두렵습니다. 그렇다고 열쇠를 쓰자니 귀찮은 일이고요. 출입문 비밀번호가 노출되어 누군가가 침입했을 때 혹시 모를 2차 범죄를 막기 위해서는 어떻게 해야 할까요? 혼자 사는 것처럼 보이지 않아야 한다기에 남자 신발을 현관에 두긴 했는데 그것만으로 충분할지 걱정이 됩니다.

전자식 도어락은 키를 소지할 필요가 없고 분실할 가능성이 낮으며 번호만 기억하면 아무 때나 문을 열 수 있다는 장점이 있다. 하지만 전자키를 분실하거나 비밀번호가 타인에게 노출되는 경우 누구라도 아무 때나 주인 몰래 출입이 가능하다는 결정적 단점 또한 존재한다. 특히 전자키 분실의 경우, 취득한 자가 주변 오피스텔의 현관에 키를 모두 접촉시켜봄으로써 결국 해당 집을 찾아내 침입한 사례도 있다.

헤어진 남자친구가 사전에 알고 있던 비밀번호를 이용하여 여성 피해자의 집에 당사자 동의 없이 자유롭게 드나든 사례도 있다. 이런 경우는 비밀번호를 변경하면 간단히 해결할 수 있다.

그런데 요즘에는 비밀번호를 누르는 모습을 뒤에서 훔쳐보거나 천정에 불법카메라를 설치해놓음으로써 비밀번호를 알아내는 교활한 수법이 사용되고 있다. 피해자가 카메라 설치 사실을 전혀 모르고 있다면 속수무책으로 당할 수밖에 없는 일이다. 다음의 범죄 사례를 살펴보자.

1. A는 범행 이틀 전, 아파트 인근 상가 주차장에서 피해 여성을 처음 보고 호감을 느껴 뒤따라갔다. 엘리베이터 앞에서 보험 상품을 설명해주겠다며 접근한 뒤, 피해 여성의 집 문 앞까지 따라가 현관 비밀번호를 누르는 것을 보고 번호를 외웠다. 그날은 그냥 돌아갔지만 이틀 뒤 빈집에 비밀번호를 누르고 침입했고, 피해 여성이 귀가하자 흉기로 위협해 성폭행한 뒤 살해했다.

2. B는 여성 거주자가 살고 있는 오피스텔 및 원룸의 문 앞 천정에 불법카메라를 설치해 비밀번호를 알아낸 뒤 피해자 방에

몰래 들어가 피해자를 성폭행한 뒤 달아났다. 우편함에 든 우편물의 수령인 이름을 바탕으로 여성이 혼자 거주하는 곳을 찾아 불법카메라 설치 및 침입 대상으로 선정했다.

전자식 도어락의 문제를 보완하기 위해는 전자식 도어락과 재래식 도어락을 병행 설치하는 방법을 생각해볼 수 있다. 비밀번호가 노출되었다고 해도 재래식 도어락의 키를 가지고 있어야만 문을 열 수 있기 때문이다. 그러나 해당 원룸이 자기 소유가 아니라면 현실적으로 재래식 도어락을 설치하기는 쉽지 않다. 멀쩡한 출입문에 구멍을 내고 재래식 도어락을 설치하려면 관리실이나 소유주에게 허락을 받아야 할 텐데 대개 허락하지 않을 것이다. 주변 사람들로부터 왜 그렇게 요란을 떠느냐고 비웃음을 살 수도 있다.

이렇듯 현실적으로 재래식 도어락을 설치하기란 쉬운 일이 아니다. 따라서 현관문을 열 때 누군가가 보는 것을 방지하려면 항상 손으로 가리고 비밀번호를 누르는 것이 생활화되어야 한다. 귀찮은 일이라고 생각될지도 모르겠다. 그러나 무심코 누른 번호를 누군가가 지켜보고 있을 상황을 상상해보라. 그다음에 감당할 상황들은 너무나 두려운 것이리라. 그렇기에 손으로 번호를 가리는 작은 행동에 의미가 없을 수 없다.

한편 이미 비밀번호가 노출되어 범인이 집 안에 들어가 있는 상황이라면 혼자 사는 것이 아니라는 흉내를 내봐야 소용이 없다. 그러나 음식 배달이나 택배 등으로 외부인이 집 안을 볼 수 있는 기회가 생겼을 때에는 다르다. 이럴 때 입구에 남자 신발이 있거나 안에서 다른 사람의 말소리가 흘러나와 혼자 사는 집이 아니라는 인식이 생기면, 동기화된 잠재적 범죄자가 범행을 포기할 가능성이 커진다. 따라서 현관에 남자 신발을 놓거나 친구들과의 대화를 녹음해 방에 틀어두고 외부인을 맞이하는 것은 최소한의 대비책이 될 수 있다.

두 번째 범죄 사례에서는 범인이 우편물을 통해 혼자 사는 여성의 집을 알아내 침입범죄를 저질렀다. 이러한 범죄를 조금이라도 더 피하기 위해서는 우편물이나 택배 수령 뒤 봉투나 박스에 붙어 있는 개인 신상 관련 내용을 모두 떼어낸 뒤 버려야 한다. 우편물이 배달될 때까지는 어쩔 수 없다고 해도, 버린 박스에 붙어 있는 개인 신상을 이용해 범행을 할 가능성은 줄여야 하기 때문이다.

더 알아보기 ◇◇◇◇◇◇◇◇◇◇◇◇◇◇◇◇◇◇◇◇◇◇◇◇◇◇◇◇◇◇◇◇

● 전자식 도어락의 비밀번호는 주기적으로 바꿔야 한다.

● **도어락 선택의 기준**
전자식 도어락의 경우, 무능화시키는 데 오랜 시간이 걸리는 제품인지 확인하라. 드릴이나 전기충격기 등의 연장에 의해 쉽게 열리지 않는 것이 좋다.

보조키의 경우, 동네 열쇠공이 절대로 복제할 수 없는 특수키를 선택하는 것이 좋다.

● **우편물 처리 요령**

혼자 사는 여성의 경우, 가급적 우편은 전자메일로 받는 것이 좋다. 시스템상 그럴 수 없다면, 가정용, 사무용 파쇄기를 사용하여 우편물을 처리하라. 꽃가루 형의 파쇄기가 좋으나 파쇄 방향에 변화를 주면서 사용하는 것도 나쁘지 않다. 패쇄기가 없다면, 반드시 수령인 정보 부분을 꼼꼼하게 제거한 후 처리해야 한다. 분리수거함에 본인의 정보가 그대로 노출되어 있는 박스, 봉투 등을 버리는 행위는 특히 주의해야 한다.

택배 이용 시 지역별로 시행하는 여성안심택배 제도를 이용하거나 가정용 무인택배함을 이용함으로써 안전성을 높일 수 있다.

대낮에 잠깐
열어놓은 문

Q 현재 주택에 살고 있습니다. 아이들을 유치원 통학버스에 태우러 나갈 때나 집 안을 환기시킬 때, 또 분리수거를 위해 집 앞에 나갈 때 문을 잠그지 않는 습관이 있는데요. 이때 문단속을 안 하면 위험할까요? 대낮이라 별로 신경을 쓰지 않고 살았는데 요즘 세상이 무섭다보니 혹시나 하는 마음이 듭니다.

집 앞에 잠깐 나갈 때 문을 잠갔다 다시 여는 것은 번거로운 일이다. 특히 아침 시간은 긴 밤을 지나 새로운 일과가 시작된다는 점에서 긴장이 풀어지는 시간대이고, 더구나 아이를 통학버스에 태우는 일같이 일상적인 습관은 경계를 늦추게 한다.

이렇게 아주 잠깐만 나갔다 들어온다는 생각에 문단속을 잘 하지 않는 경우가 있다. 이때 운이 좋으면 다시 집으로 돌아왔을 때 아무런 일도 일어나지 않고 평상시의 생활로 돌아갈 수 있을 것이다. 하지만 사실 이는 매우 위험한 상황을 초래할 수 있다.

A는 새벽 세 시에 일어나 세 시간가량 자신의 컴퓨터로 음란
동영상과 사진을 본 뒤 소주를 마시고 오전 아홉 시쯤 흉기와
청테이프 등을 챙겨 거리로 나섰다. 30분 후 A는 유치원에 다
니는 자녀 두 명을 통학버스에 태워 보내기 위해 집을 나선 주
부 B가 현관문을 잠그지 않은 틈을 노려 집에 들어가 숨어서
기다렸다. A는 성폭행을 시도했으나 B가 강하게 저항하자 폭
행을 가했고 현관으로 도망치는 B를 뒤따라가서 흉기로 목을
찔렀다. B는 결국 사망했다.

확률적으로는 낮지만 사례에서 보듯이 불행히도 성적으로 각성
되어 성범죄 피해 대상을 고르고 있는 범인이 마침 그 시각, 그 장
소에 있으면 이처럼 불행한 결과를 초래할 수 있다. 활짝 열린 현관
을 아무 힘도 들이지 않고 열어젖힌 뒤 집에 들어가서 기다리고 있
을 수도 있는 것이다.

아침에는 통상 범죄가 발생하지 않을 거라는 생각이 많을 것이
다. 그러나 그런 이유로 경계를 완전히 늦추어서는 안 된다. 범인은
그것을 노리고 있다.

세 놓은 집에
막 들어오는 집주인

Q 학교 앞 원룸에 살고 있습니다. 언제부턴가 방에 들어올 때면 낯선 냄새가 느껴졌습니다. 이불도 외출 당시와 달리 정리되어 있는 것 같고 물병에 물도 줄어든 것 같고요. 하지만 없어진 물건은 없었기에 그냥 내가 예민한 거겠지 하고 넘어갔습니다. 그런데 친구들과의 여행이 갑자기 취소되어 집에 돌아온 날 제 침대에 낯선 남자가 자고 있었습니다. 남자는 집주인의 아들이었습니다. 저의 다이어리와 수강신청 내역을 확인하여 제가 집을 비우는 시간에 제 방을 들락거렸던 것입니다. 사건도 사건이지만 집주인이 따로 제 방 열쇠를 갖고 있었다는 사실에 어이가 없었습니다. 이런 범죄의식 없는 집주인에 의한 범죄는 막을 수 없을까요? 아무래도 약자의 입장이라서 꼬치꼬치 캐물을 수도 없는 노릇입니다.

위의 경우 사실 '범죄의식 없는 집주인'이라고 명명하기에는 문제가 있다. 범죄의식이 없는 척하는 거다. 집주인이라는 이유로 세입자 허락도 없이 마음대로 출입문을 열고 들어오는 사람은 잠재적 범죄자일 수 있다. 현실에서 이런 일은 빈번히 일어난다.

1. 직장 때문에 서울 원룸에서 7개월째 자취생활을 하고 있는 A는 얼마 전 주문한 화장품 택배가 도착했다는 문자메시지를 받았다. 평소와 같이 퇴근 후 집에 도착했는데 택배 물건이 현관문 밖이 아니라 방 안에 놓여 있었다. 원룸 주인이 현관에 있는 택배를 집 안으로 들여 놓은 것이다. A씨는 집주인에게 항의했지만 그는 "집 밖에 두면 누가 가져가지 않겠느냐"며 대수롭지 않다는 듯 답했다.

2. 여대생 B는 토요일 아침, 속옷만 입은 채 늦잠을 자고 있었다. 그런데 갑자기 '딸가닥' 하고 문을 여는 소리가 들렸다. 50대 남성 집주인이 갑자기 지인들과 집을 본다며 들어온 것이다. B가 사는 9.9제곱미터(3평)짜리 좁은 방에 들이닥친 불청객은 모두 남성들이었다.

집주인이 남성이건 여성이건 성별 여부를 떠나 세입자 허락 없는 출입은 불법이고 주거침입이다. 집주인들은 그런 짓을 하고도 세입자가 불편한 심기를 드러내면(현실적으로 불편한 심기를 드러내기도 쉽지 않지만) 이런저런 이유를 대면서 별로 문제가 되지 않는다는 듯 행동한다. 건물을 소유하고 있는 집주인이라는 위치 때문에 피해자들이 쉽게 항의하지 못한다는 걸 그 사람들은 알고 있다. 그래서 그런 행동을 더 쉽게 한다. 세입자의 나이가 어리거나 학생이면 더 만만하게 보고 함부로 대한다.

택배 물건이 없어지는 것을 막기 위해 일부러 호의를 베푼 것이라면서 뻔뻔한 태도를 보이기도 한다. 도와주려고 한 건데 뭐가 문제이며, 내 건물에 내 마음대로 문 열고 들어가는데 누가 뭐라는 거냐는 것이다. 피해자 입장에서는 이처럼 선의를 가장한 행동에 대해 항의하기가 더 어렵다.

좁은 방에 자고 있는 학생의 개인적 프라이버시는 아랑곳하지 않고 집을 본다며 문을 열고 들어오는 행위는 일단 몰상식하다. 평소 방을 관리한다는 명목하에 마스터키를 가지고 있는 경우도 있다. 그래서 일정 기간 세입자가 집을 비우면 자기 아들을 그 방에서 생활하게 하는 황당한 사례도 발생하는 것이다.

집주인이라는 위치를 이용하여 세입자 허락 없이 출입을 함부로 하는 사람들은 그러한 행동을 하기 위해 겉으로 합리적인 것처럼 보이는 명분을 내세운다. 그러나 그 과정에서 기회가 주어지면 어떠한 행동을 하게 될지 모른다. 상황에 따라서는 성추행이나 성폭행으로 이어질 수 있다. 이미 속옷 등을 훔쳤거나 일기장을 봤을 수도 있다.

이런 상황을 막기 위해서는 계약 전에 이전에 살던 원룸에서 이런 문제로 인해 나오게 되었고 절대로 같은 일을 용납할 수 없다고 집주인에게 미리 못을 박을 필요가 있다. 그렇게 함으로써 범죄의식이 없는 척 범죄행동을 하는 집주인의 침입이나 사생활 침해 행위를 미연에 방지해야 추가적인 범죄피해로부터 자유로울 수 있다.

더 알아보기

● **국민안전처 생활안전지도 (치안안전)**

생활안전지도 사이트: www.safemap.go.kr

사이트 내 생활안전지도에서 특정 지역의 범죄유형별 발생 통계를 확인할 수 있다. 해당 지역의 지리감이 없는 상태에서 거주지를 정할 때 참고할 수 있으며, '시간별 안전녹색길' 정보 제공으로 귀가 경로를 정하는 데 도움을 얻을 수 있다.

여자 속옷을
훔치는 남자

Q 다세대 주택에서 하숙을 할 때 공동 세탁시설에서 속옷을 도난 당한 적이 있습니다. 그때만 해도 별일 아닐 거라 생각하고 대수롭지 않게 넘겼습니다. 그런데 며칠 후 누군가가 제 방 창문에 딱 붙어서 안을 들여다보려고 하는 것입니다. 너무 무서워서 창문 아래로 조심히 기어가 숨을 죽이고 있었는데 갑자기 창문이 열리더니 손이 쑥 들어와 건조대에 널어놓은 속옷을 향했습니다. 큰일 나겠다 싶어 미친 듯이 소리를 지르니 범인은 황급히 도망을 갔습니다. 수업에 가려던 참이어서 마음을 진정시키고 집 밖으로 나섰는데, 속옷만 입은 남자가 계단에 앉아 있었습니다. 정말 기절하는 줄 알았습니다. 그날 바로 이사를 나왔습니다.

이런 변태적 성향의 절도가 나중에 더 큰일로 돌아오지 않을까 하는 걱정이 듭니다. 속옷을 도난당한 경우 더 큰 범죄를 막기 위해 어떻게 해야 하는 거죠?

여성의 속옷을 훔치는 행위는 물품음란증 혹은 페티시즘fetishism 이라는 변태적 성도착증과 관련이 있다. 물품음란증은 주로 남성 에게 나타난다. 인간의 신체와 긴밀한 연관이 있는 특정한 물건, 즉 속옷이나 스타킹 등의 물건을 보면 성적 흥분을 느낀다. 또 보는 것 으로 그치지 않고 이를 만지거나 소유하려는 욕구가 강하다. 익명 의 모든 여성이 대상이다. 만일 대상이 되는 여성이 관심 있는 스타 일이면 이러한 욕구는 더 강해질 수 있다. 그래서 새 물건보다는 여 성이 소지하거나 착용하고 있던 물건에 더 집착한다. 새 물건에 대 해서는 거의 관심이 없다.

익명성이란, 상대에게 거부당할 위험이 없어 심리적으로 상처받 지 않고 안전할 수 있다는 자기 방어심리에서 시작된다. 또 물건은 사람을 거부하지 않기 때문에 안심하고 집착할 수 있다. 물건에 집 착하는 이유는, 후각과 색욕 간의 관계를 지속시킬 수 있고 그 물건 을 통해 상상 속 대상으로 삼은 여성을 쉽게 떠올릴 수 있기 때문 이다.

페티시를 즐기는 사람들은 침입절도범이 될 확률이 높다. 제주 도에서 식당주인이 자리를 비운 사이에 10만 원 상당의 여성 속옷 을 훔쳐 달아난 절도 사건이 있었다. 범인은 이 사건 전에도 비슷한 범행을 저질렀다. 이 경우 갖고 싶은 물건(주로 속옷)을 훔치기 위해 여성의 방에 불법적으로 침입한 사례로 볼 수 있다.

다음과 같은 사건도 있다. 범인은 지인과 함께 술을 마신 뒤 원룸 건물 옥상에 올라가 배관을 타고 내려오다가 베란다 문이 열려 있는 4층에 몰래 침입했다. 그는 서랍을 열고 여자 속옷을 찾던 중, 잠에서 깬 집주인이 소리를 지르자 속옷 일곱 장을 가지고 곧장 달아났다. 범인은 술에 취해 자신의 성욕을 풀고자 이 같은 범행을 저질렀다고 말했다. 술에 취한 상태에서 우발적으로 욕구가 일어나 불법주거침입을 하다 체포된 대표적 사례로 볼 수 있다.

주로 멀리 있는 남성보다는 같은 건물에 사는 남성들이 속옷 등을 훔치는 경우가 많다. 상대적으로 접근할 수 있는 기회가 많기 때문이다. 특히 세탁시설을 공동으로 사용하는 경우 성도착증을 가진 사람에게는 좋은 기회가 된다.

페티시 경향이 있는 남성들은 복장음욕증과 연관이 있을 가능성이 크다. 물품음란증을 근원으로 하여 발달한 것으로 분류되는 복장음욕증은, 이성의 옷이나 대상물을 걸침으로써 성적 흥분을 느끼는 증상이다. 복장도착적 물품음란증, 복장도착증, 또는 '크로스 드레싱Cross Dressing' 등 여러 용어로 불린다. 이성의 복장을 착용하면서 성적 흥분을 얻는 경우는 남성들에게서만 볼 수 있는 현상이다. 이러한 취향은 흔히 사춘기부터 시작되나 그전에도 시작될 수 있으며, 30~40대 남성에게서도 나타난다.

물품음란증을 가진 남성은 주로 주거침입과 절도를 병행하지만 다른 성적 취향의 변태행위자들보다 비교적 성추행, 성폭행 등의 가능성은 작은 편이다. 만일 지속적으로 속옷이 없어진다면 불법

카메라 등을 설치해 누가 그런 행동을 하는지 확인해두어야 한다. 이런 사람들은 자신의 범행이 드러날 경우 바로 방을 빼서 다른 곳으로 갈 확률이 크다. 왜냐하면 문제를 만들기보다 다른 상대를 찾아 조용히 움직이는 편을 택할 것이기 때문이다.

더 알아보기

● 물품음란증이란 무엇인가?

특정한 물건에 의해 성적인 흥분을 느끼는 증상을 말한다. 이 증상은 보는 것으로 그치지 않고 만지거나 소유하려는 욕구가 강하다. 일정한 사회 규제 아래서 충족하기 어려운 욕구를 해소하기 위한 대체물로서 물건을 선택하게 되고, 이는 안전한 탈출구의 의미를 갖는다.

물품음란증에서 특정 물건은 소유자를 대치하는 것 이상의 역할, 즉 안전하고, 조용하며, 협조적이고, 배반하지 않아 후유증(범죄자가 될 가능성)을 걱정할 필요가 없게 해주는 역할을 한다.

검침원으로 위장한
범인

Q 방문자에 대해 보통 인터폰으로 확인을 한 뒤에 안전하다고 생각이 되면 문을 열어주는 편입니다. 종교단체나 잡상인의 경우 인기척을 내지 않고 응답을 하지 않지만, 가스검침이나 소독 같은 경우에는 고민이 됩니다. 여성 검침원의 경우에는 별 의심 없이 문을 열어주긴 하는데, 요즘처럼 무서운 세상에선 그것마저 불안합니다.

가스검침을 나왔다든지 택배가 왔다고 속여 문을 열게 하고 성범죄를 저지르거나 강도짓을 하는 수법은 매우 전통적인 것이지만 요즘은 좀 뜸해졌다. 가스검침원이 여성으로 바뀐 이유도 가스검침원이라고 속여 자택 침입범죄를 저지르는 일이 발생했기 때문이다. 택배가 왔을 때에는 경비실에 맡겨달라고 하거나 문 앞에 놔달라고 하면 되지만 가스검침이나 소독 같은 경우는 그렇게 할 수가 없다.

요즘에는 이전에 비해 위험도가 낮아졌다고 해도, 가스검침원이 왔을 때는 일단 직전의 검침 날짜를 확인해야 하고 날짜가 잘 맞지 않거나 기분이 내키지 않을 때는 문을 열어주지 않아야 한다. 날짜가 맞더라도 그 사실을 역이용 한 범죄가 발생할 수 있기 때문에 미심쩍으면 열어주지 않는 것이 좋다.

> A는 서울 광진구 화양동의 한 원룸에 거주하는 B에게 가스검침을 나왔다고 속였다. B는 검침주기가 돌아왔다는 생각에 별 의심 없이 문을 열어주었다. 하지만 검침원이 아니었던 A는 집 안에 침입하여 줄로 B를 묶고 범행을 저질렀다. A는 문에 붙어 있는 가스검침 방문 스티커를 통해 방문주기를 파악하여 검침원이라고 속이면 문을 쉽게 열어줄 것이라 짐작한 것이었다.

아무리 가스검침이나 소독이라고 그럴 듯하게 속여도 거주자가 문을 열어주지 않으면 범행을 할 수가 없는 것은 당연한 일이다. 그러므로 뭔가 낌새가 이상하다 싶으면 문을 열어주지 않는 것이 상책이다. 가스검침원이 여성이라고 해서 너무 안심해서도 안 된다. 범죄가 진화하면 여성, 남성 2인 1조로 가짜 여자 검침원을 내세워 상대를 안심시킨 뒤 남성이 같이 침입하는 새로운 형태의 침입범죄가 발생할 수도 있다.

● **가스검침을 안전하게 받는 방법**

도시가스 안전점검은 의무적으로 받게 되어 있으나 강제성은 없다. 또 사전에 도시가스 회사에 안전점검 sms(방문 예정일 사전 고지)를 신청할 수도 있다. 가스검침이나 인터넷수리 등 외부인 방문 시에 현관 고정기(발걸이)를 이용하여 현관을 열어두면 검침을 받는 거주자와 검침을 하는 방문자 모두에게 안전한 방법이 될 수 있다.

● 기업에서는 자사제품 A/S 신청 시 방문기사의 방문시간과 사원증 사진을 문자로 발송하는 서비스를 시행중이다.

● **여성가구 홈 안심서비스**

경찰청과 사설경비업체가 공동으로 제공하는 홈 시큐리티 시스템(유료 서비스)을 이용하는 것도 좋다. 이 시스템은 출입문 감지기, 실내 비상 버튼, 열선감지기 설치와 긴급출동 서비스 등을 제공하는 보안서비스이다.

◇◇

밤늦은 시간
편의점에서

Q 편의점에서 아르바이트를 하고 있습니다. 최근에 단골손님이 자꾸 사적인 만남을 요청하고 따라다닙니다. 어느 날은 물건을 정리하고 있는데 갑자기 스킨십을 하려고 했습니다. 실랑이를 하던 중 손님은 제 신체를 고의로 만지기도 했습니다. 사장님께 이 일에 대해 말씀드렸지만, 사장님은 고의성을 입증할 수도 없고 손님을 어떻게 할수도 없지 않느냐면서 회피했습니다. 오히려 저의 행동을 지적하더군요. 서비스직에 근무하면 이런 일을 감내해야 하는 건지 마음이 복잡합니다.

편의점에는 많은 물건이 쌓여 있다. 물건 진열대에 몸을 숨기고 범죄의 대상을 은밀히 관찰할 수도 있으며 진열대를 이용하여 몸을 숨길 수도 있다. 편의점을 대상으로 하는 범죄는 금전을 노린 범죄일 가능성이 크지만 여성 점원이 혼자 근무하는 경우 성범죄의 가능성도 있다.

A는 밤 12시 10분쯤 점원 B가 근무하고 있는 제주시의 한 편의점에 들어가 물건을 구입한 뒤 계산대 앞에서 자위행위를 했다. A는 이튿날 새벽 2시 10분쯤 B를 강간하기로 마음먹고 다시 편의점을 찾아가 B를 바라보면서 자위행위를 시작했다. 이를 눈치 챈 B가 편의점 내 창고로 들어가자 A는 그곳으로 따라 들어가 강간을 시도했다. 그러나 다행히도 B의 비명소리를 듣고 달려온 동료 점원 C의 제지로 미수에 그쳤다.

성적 욕구를 억누르지 못하는 범죄자, 특히 노출증 환자나 강간 의도가 있는 범죄자는 한 명의 여성이 밤늦게 근무하는 편의점 같은 조건에서 범행 유혹을 강하게 느낀다. 이때는 자위행위, 성추행, 성폭행 등 다양한 성범죄가 일어날 가능성이 크다. 가게에 자주 드나들면서 사귀자는 의도로 접근하는 경우 더 위험할 수 있다. 설령 편의점에서 직접적인 성적 행위가 이루어지지 않는다 하더라도 편의점 근무를 마치고 집으로 돌아가는 시간과 동선을 이미 파악하고 있을 가능성도 있다.

아무리 서비스직이라 하더라도 손님을 가장한 성범죄자들의 행위를 그냥 넘겨서는 안 된다. 성적 피해의 위험성을 느끼면 경찰에 신고해야 하고 편의점 내의 CCTV 자료를 제출해 문제를 삼아야 한다.

편의점같이 24시간 운영하지 않는 곳이라 하더라도 업무 성격상 여성이 혼자서 가게를 지키는 곳이 적지 않다. 어떤 공간에 여성이 혼자 있다는 사실만으로도 피해 확률은 높아진다. 범인은 점원을 두 명 쓰는 것이 이익 구조상 힘들다는 사실을 잘 알고 있다. 평소 손님이 별로 없는 한적한 가게일 경우, 범인은 순간적으로 가게 열림 표지판을 닫힘 표지판으로 뒤집고 문을 잠근 뒤 흉기 등으로 위협할 수도 있다. 여성이 운영하는 학원만을 노려 강의가 없는 시간을 파악해 범죄를 저지른 일당이 검거된 사례도 있다.

그러므로 될 수 있으면 CCTV 운용을 일상화하고 현재 CCTV가 정상적으로 운용되고 있음을 알리는 표지판을 눈에 잘 띄는 곳에 설치해놓아야 한다. CCTV 운용 표지판은 범죄자의 범죄 의지를 꺾는 데 결정적인 역할을 한다. 만일의 경우에 대비하여 비상벨을 카운터 등에 설치해놓는 것도 필요하다. 비상벨이 직접적으로 인근 지구대와 연계되는 시스템이 해당 지역에 구축되어 있는지도 사전에 확인해놓아야 한다. 설치해놓은 것으로 만족하지 말고 만일의 경우에 대비하여 비상벨을 울리는 연습도 주기적으로 해보아야 한다. 비상벨을 설치해놓았지만 사전에 연습해보지 않고 있다가 갑자기 닥친 위기의 순간에 몸이 움직이지 않아 시스템을 운용하지 못하는 경우도 있다.

만약 흉기를 들이대고 돈을 요구하면 적극적으로 대응하지 않는 것이 좋다. 모든 상황이 여의치 않을 때에는 적극적으로 대항하기보다 요구조건을 들어주고 난 뒤 신고하는 편이 낫다. 흥분한 범인이 돌발적으로 피해자에게 위해를 가할 수 있기 때문이다.

외부인의
훔쳐보기

Q 환기를 위해 잠깐 창문을 열어두었습니다. 그런데 잠시 후에 보니 그 사이로 누군가가 저를 지켜보고 있더군요. 눈이 마주친 순간을 떠올리면 소름이 돋습니다. 이와 같은 시각적 침입에 대해 예방할 수 있는 방법이 있나요?

남성이 훔쳐보게 되는 계기는 시각적으로 훔쳐보기가 가능한 여건이 되기 때문이다. 이 말은 피해자 측의 과실도 일부 있을 수 있음을 뜻한다. 특히 여름철 밤에 불을 환히 켜고 창문을 닫지 않은 채 옷을 벗고 다니는 모습이 관음증 환자의 눈에 띄는 경우 상습적인 피해를 당할 가능성이 크다. 요즘은 단순히 훔쳐보는 것에 그치지 않고 성행위나 나체, 목욕하는 장면 등을 촬영해 유포하는 경우도 있으며, 특히 피해자의 신원을 알 수 있도록 얼굴을 클로즈업하는 등 죄질이 매우 나쁜 경우가 있으므로 특히 조심해야 한다.

이런 사건을 방어하기 위해 외부인의 눈으로 자신의 거주지를 살펴보는 것이 필요하다. 관찰자로서 자신이 있는 장소를 바라보게 되면 어디가 허술한지 파악할 수 있다. 이때는 낮보다 밤에 살펴보는 것이 좋다. 필요하다면 친한 동성 친구에게 부탁해 서로 교차 점검을 할 수도 있다. 건너편 건물 등에서 자신의 거주지를 관찰해보는 것도 필요하다. 이렇게 취약점을 관찰해보면 고쳐야 할 부분이 보인다. 또 복도식 아파트 등 내부 보안이 취약한 곳에서는 블라인드 등의 창문 가림막을 설치하여 외부 노출을 차단하는 것이 좋다.

만일 어떤 사람이 자신을 지켜보고 있다는 느낌이 들면 주저하지 말고 필요한 조치를 해야 한다. 기분이 나쁜데도 불구하고 아무런 조치도 취하지 않으면 지속적으로 관찰되거나 촬영될 수 있을 뿐 아니라 동영상이 불법으로 유통될 수 있는 가능성, 최악의 경우 성폭행을 당할 가능성이 생긴다. 절대로 이를 배제해서는 안 된다.

또한 혼자 있는 아이나 반려동물을 보기 위해 집 안에 IP카메라를 설치하는 가정이 늘고 있는데, 최근 IP카메라로 국내 여성을 찍은 영상이 중국 성인사이트에 무더기로 올라온 사건이 있었다. 국내에 있는 IP카메라를 해킹한 것이다. 카메라 설치가 꼭 필요하다면 사용 목적 외의 시간에는 렌즈의 각도를 조절해놓는 등 적극적인 조치를 해야 한다.

● 관음증이란 무엇인가?

촉각 다음으로 성적 자극을 일으키는 감각은 시각^{Vision}이다. 관음증은 절시증^{Scopophilia}이라고도 불리는데, 이는 나체 또는 성행위에 관련된 사람을 관찰함으로써 비정상적 성적 만족을 느끼는 성적 도착증이다. 이와 관련된 행동과 환상에 사로잡히기도 한다. 절시음욕증이란 프랑스어 'voyeur(보다)'에서 유래된 말이다. 관음증 혹은 도시증, 절시증, 절시음란증, 영어로 'Peeping Tom'이라고도 한다. 이성의 나체, 성기 또는 다른 사람의 성행위 장면을 몰래 숨어 훔쳐보며 성적 만족을 느끼는 것이다. 통상 불법주거침입과 병행하는 경우가 많은데 현장에서 자위를 하는 경우가 있고 혹은 현장을 벗어나 정사장면을 회상하며 자위를 하기도 한다.

자위행위를 통해서 여성에 대한 우월감도 느낀다. 관음증은 직접적인 공격 성향의 성적 행위보다는 수위조절을 통하여 자신의 행위를 정당화할 수 있는 소지가 있으므로 중독성이 있다. 일반적으로 이런 경향은 성행위를 우연히 또는 자주 볼 수 있는 기회가 주어지는 환경에서 발생하는 경우가 많다. 포르노 비디오테이프나 음란물 관련 동영상들은 이러한 인간의 절시 욕망을 만족시켜주기 위한 하나의 방법으로 보편화되어 있다.

망원경이나 원거리 카메라를 이용하여 훔쳐보거나 모습을 촬영하는 사람들도 있다. 훔쳐보는 과정에서 피해자가 가해자의 존재를 인식하지 못하거나 위험한 상태가 존재할 때 가해자는 더욱 흥분하게 된다. 엿보기를 계속하는 사람들은 행위 과정에서 강한 흥분을 느끼지만 다른 사람과의 접촉에 대해서는 두려움을 가지고 있다. 성격이 소극적이어서 다른 사람, 특히 이성과의 만남에 어려움이 있다. 대부분이 남자이므로 여성과의 정상적 성관계보다는 타인의 성관계를 목격하면서, 그리고 이 광경을 회상하며 자위행위를 하면서 성적 만족을 추구한다.

범죄와의 관련성을 살펴보면, 관음증을 위해 그 과정에서 불법주거침입을 하는 경우가 있다. 기회가 되면 욕구를 이기지 못하고 관찰 대상에 대해 추행을 하거나 강간을 할 수도 있다. 일반적으로 자신의 행위가 노출되었을 때에는 현장을 신속히 벗어나는 경향이 강하다.

◇◇

술 취한
여성을 노리다

Q 회식을 마친 뒤 술에 취해 택시를 타고 귀가했습니다. 골목 어귀에서 하차 후 걸어가고 있는데 느낌이 이상해서 뒤를 돌아보니, 택시 기사가 그 자리에서 창문을 내리고 저를 계속 지켜보고 있는 것입니다. 얼른 집에 들어가 다시 창문 밖을 살펴봤는데 그 기사가 택시에서 내려 건물을 살펴보고 있었습니다.

범죄자는 술에 취한 여성을 노리는 경우가 많다. 술에 취한 여성을 노린 범죄 사례를 한번 살펴보자.

A는 심야시간 골목길에 정차하고 있다가 귀가 중인 B를 300미터 떨어진 곳에서부터 앞서거니 뒤서거니 하며 천천히 미행하여 원룸 앞까지 쫓아갔다. B가 집에 들어간 뒤 불이 켜지는 것을 보고 B의 방을 알아냈다. 그리고는 B가 잠이 들기를 기다

린 뒤 침입해 금품을 훔쳤다. A는 술에 취해 혼자 집으로 가는 여성들을 노렸는데, 범행을 하다 적발돼도 제압하거나 달아나기 쉽다고 생각했기 때문이다. 또한 유흥가에 차를 세워놓고 기다리다 비틀거리는 여성들을 쫓아갔고, 현관문을 잠그지 않고 잠이 들거나 씻는 동안 금품을 훔쳐 달아났다. 1년 반 동안 25차례에 걸쳐 절도 행각을 벌였으나 피해여성들은 술에 취해 잃어버린 줄 알고 그냥 넘어갔다. A는 범행한 피해 여성들의 집 열쇠도 모아두어 추가 범죄를 저지를 가능성도 있었다.

범죄자들은 여성이 술에 취해 있는 모습을 보고 훨씬 큰 범죄 유혹을 느낄 수 있다. 술을 마셨기 때문에 판단이 흐릴 것이라는 생각, 맑은 정신으로 있을 때보다 저항을 하거나 신고를 하는 등의 적절한 조치를 할 수 없을 것이라는 생각을 할 수 있기 때문이다. 범죄자들은 술에 취하면 현관문 잠그는 것을 잊거나 깊이 잠이 들어 물건을 훔치거나 성폭행을 하기 쉽다는 사실을 이미 알고 있다. 따라서 술에 취해 비틀거리면서 거리를 다니는 모습을 보이는 것은 동기화된 범죄자에게 만만한 범행 대상으로 선택될 수 있는 가능성을 높인다. 또 그런 모습은 범죄자의 죄책감을 중화시키는 역할을 할 가능성도 있다.

일단 술에 취하면 경계심이 풀어지고, 이성적인 판단이 어려워지므로 집에 혼자 가지 말고 가까운 사람에게 집까지 같이 가 달라고 하는 것이 가장 좋다. 그런 여건이 되지 않는다면 집에 들어온 후 반드시 잠금장치를 우선적으로 확인해야 한다. 그러나 술에 취해 피해를 당했는지 아닌지 잘 알지 못하는 경우도 있을 수 있다. 이런 상황을 대비하여 평소에 집에 CCTV를 설치해놓고 의심스러운 상황이 있을 때면 확인을 해서 피해 여부를 알아보아야 한다.

2장
성
범죄

가족 내
아동 성범죄

Q 딸을 데리고 재혼을 하는 여성은 가족 간의 성범죄 문제에 대해서 한 번쯤 고민해봤으리라 생각합니다. 자기 자식한테도 못된 짓을 하는 아버지가 있는데, 하물며 피 한 방울 안 섞인 남의 자식에게는 어떨까 하는 생각을 하면 절대 재혼을 못 할 것 같습니다. 재혼 가정을 꾸린 주변 사람의 이야기를 들어보면, 행여나 남편의 화가 자기 자식에게 돌아갈까 두려워 숨죽여 산다고 합니다.

평소 행동을 보고 그 사람이 위험한 사람인지 아닌지 판별해내는 방법이 있을까요? 더불어 친인척 간 성범죄에 대처하는 방법과, 부모가 아이의 이상 징후를 발견하는 방법이 있다면 알려주세요.

아동 대상 성학대는 후유증이 평생을 간다는 점에서 심각한 문제이다. 아동의 자아존중감이 극도로 손상되므로 피해 과정에서 아이가 죄의식을 느끼기도 한다. 성적 경험에 일찍 노출되었기 때문에 성적 조숙으로 인한 성 비행과 난잡한 성행위를 할 가능성도 높아진다. 약물이나 알코올 의존증의 위험성이 있고, 심한 우울증에 시달리거나 자살에 이르기도 한다. 겉으로 아무런 문제가 없는 것처럼 성장한다고 해도 가까운 남성을 불신하고 이성 간 애정관계를 보는 시각이 비뚤어져 있어 정상적 혼인관계를 유지하기 어려운 경우도 있다.

이와 같이 심각한 후유증의 위험에도 불구하고, 가정 내 아동 성학대가 경찰에 신고되는 경우는 매우 드물다. 가족 이외의 사람들이 알기 어렵고, 가족 내에서는 쉬쉬하는 분위기가 있어, 신고하기 어렵기 때문이다. 가해자들은, 피해 대상인 아동에 대한 정서적, 심리적 조종이 성인보다 훨씬 쉽다는 점을 이용하여 지속적이고 장기적인 범행을 저지르기도 한다.

아동 성학대는 술을 핑계 삼아 일어나기도 하고 술을 마시지 않은 상태에서 일어나기도 한다. 일단 시작하면 죄책감이 중화되면서 지속되는 경우가 많다. 가해자와 피해자가 한 집에서 같이 생활하므로 언제든지 일어날 수 있어 아이 입장에서는 속수무책이다. 가해자는 주로 아이의 아버지인 경우가 많다. 재혼 가정의 성학대 발생빈도는 친부에 의한 발생빈도의 5~6배 정도이다(최근에는 생물학적 친부에 의한 아동 성학대도 많이 증가하고 있다).

시간이 흐르면 대부분 어머니가 가정 내 아동 성학대 사실을 알게 된다. 그러나 경제적 이유 때문에 가정이 해체되기를 원치 않거나, 남편의 폭력이 두려워 알면서도 모르는 척 덮어두는 경우가 많다. 이와 관련한 유명한 사례가 있다.

A의 어머니는 A가 일곱 살 때 B와 재혼하였다. A는 아홉 살 때부터 계부 B로부터 상습적으로 성폭행을 당했다. B는 A와 A의 어머니를 번갈아 성폭행하였으며, 집에 식칼과 쥐약을 갖다놓고 사실을 알릴 경우 가족을 몰살시키겠다고 협박했다. 이런 상습적인 성폭행이 계속되는 가운데, A는 대학 진학 후 기숙사에 살게 되어 주중에는 계부 B로부터 떨어져 지낼 수 있었다.

그러던 어느 날 A는 자신의 괴로움을 남자친구인 C에게 털어놓았다. C는 B를 찾아가 성폭행을 그만둘 것을 요청하였다. 그러나 당시 지방검찰청에 근무하고 있던 B는 오히려 "다 잡아넣겠다. 죽여버리겠다"고 하며 A와 C를 협박했다. 결국 이 상황을 참지 못한 A와 남자친구 C는 강도로 위장하여 B를 살해하기로 공모했고, C가 A의 집에 몰래 침입하여 술에 취해 잠들어 있는 계부 B를 A와 함께 식칼로 살해하였다.

강도 사건인 것처럼 위장하고 C가 집을 나간 뒤, A는 강도를 당했다며 경찰에 신고했다. 그러나 결국 범죄가 발각되었고 성폭력 사실도 드러나게 되었다.

보통 피해 아동 어머니의 판단력이 떨어지거나 저학력인 경우가 많지만 반드시 그런 것은 아니다. 이런 경우 피해 아동은 아무도 자신을 도와주지 않는다고 판단해 아버지의 요구를 거역하지 못하고 자포자기한다. 가해자는 자신의 도착적인 행위에 대한 죄책감으로부터 벗어나기 위해 '투사'나 '동일시' 같은 방어기제를 가동한다. 우울하거나 화가 난 상태의 딸을 달래기 위해 노력하거나 부모로서의 의무감을 다하려고 하는 경향이 강하다.

사람의 겉모습만으로는 그가 소아기호증 환자인지 아닌지 판단하기 어렵다. 특히 재혼의 경우에는 더 알기 어렵다. 자신의 성적 취향을 섣불리 드러내지 않으려 하기 때문이다. 겉으로 보아 얌전한 성격의 소유자로 비치는 경우 더욱 그렇다. 자세히 들여다보면 대개 극단적으로 내성적이거나, 권위주의적, 자기중심적, 충동적 성격에다 문란한 성생활을 하는 경우가 많다.

이러한 행동의 원인은 소아기호증 환자들의 '인격발달 고착'에서 찾을 수 있다. 인격발달 고착이란 발달 과정에서 인격이 더는 성장하지 않고 멈춘 경우를 말한다. 인격적 성장이 멈춰버린 성인은 일상생활에서 무능력과 낮은 자아존중감을 자주 느낀다. 이런 감정을 느낄 때마다 스스로 어린아이 같은 감정적 욕구 및 의존증을 지닌 주체로 생각하면서 자신과 아동을 정서적으로 일치시키고 싶어한다. 아이와 함께 있을 때 편안함을 느끼고 아이와의 성관계를 통해 자신이 강하다고 느낀다. 정신적으로 미숙하거나, 생활방식이

유아적이라 자신의 무력감을 잘 알고 있다. 그러므로 이를 감추기 위한 하나의 탈출구로서 어린아이와 자신을 동일시하고, 무능함을 아이에게 투영시키는 것이다. 어려서 겪은 성학대의 경험이 가해자의 입장으로 다시 나타날 수도 있다.

아이의 이상 징후를 발견하기 위해서는 반드시 어머니가 아이에게 특별히 관심을 두어야 한다. 성학대 피해경험이 있는 아동은 집과 학교에서 일반 아동과는 다른 행동양상을 보인다. 우선 집에서 혼자 있기를 두려워하거나 자다가 갑자기 소리를 지르고 우는 일이 자주 있다. 주변 사람들이 표시하는 애정에 대해 적대적인 행동을 보인다. 다른 아이들과 놀다가도 갑자기 이해할 수 없는 상황에서 공격성을 보이고 화를 잘 낸다. 그리고 옷 벗기를 거부하거나 목욕하기를 완강히 거절한다.

만일 특정한 방에서 그러한 피해를 당했다면 피해를 당한 그 방에 대해 공포감을 가지거나 쳐다보려고도 하지 않을 것이다. 때로는 외출을 하지 않으려 하고 자기 방에 머물면서 혼자 공상하고 멍 하니 있는 일이 많아질 수 있다. 별다른 이유 없이 혼자 자주 몸을 씻거나 야뇨증을 보이는 경우도 있다. 심한 경우에는 가출해버린다.

학교에서는 학업성적이 떨어진다. 집에 돌아오는 것을 두려워하거나 싫어한다. 될 수 있으면 학교에 오래 남아 있기를 원하는데 이유를 물어도 대답하지 않는다. 체육시간이나 수영장에서 옷을 갈아입기를 싫어하며 지적으로 퇴행적인 행동을 한다.

극단적으로는 죄책감에 자살하거나 자신을 성폭행한 가해자에 대한 살해를 강행하기도 하지만, 이는 어릴 때 바로 할 수 있는 행동은 아니다. 지속적인 스트레스를 받게 되면 오랜 시간이 흐른 뒤 복수로 이어질 수 있다.

더 알아보기 ◇◇

● 아동 성범죄를 둘러싼 가해자의 전략 및 심리

블라인드BLIND: '블라인드'는 가해자가 자신의 행동을 은폐하기 위해 피해 아동을 외부로부터 차단하는 행위들의 첫 자를 따서 만든 단어다. 가정 내 아동 성학대 가해자가 피해 아동을 조종하는 전략에는 다음과 같이 다섯 가지를 살펴볼 수 있다.

첫째, '세뇌Brain wash'를 통해 아이의 죄책감을 중화시킨다. 피해자에 대해 '나만 너에게 이렇게 하는 것이 아니라 이 세상의 모든 아버지 혹은 어른이 그렇게 한다'고 이야기함으로써 피해자에게 일어난 일이 나쁜 일이 아니라는 걸 확신시키거나 주입한다.

둘째, 보안 유지를 위해 '상실Loss' 수법을 쓴다. 이 사실을 만일 어머니가 알게 되면 매우 슬퍼하거나 자살할 수도 있다고 한다. 그래서 어머니가 없어질 것을 두려워하게 만든다. 또 이 일이 알려지면 아버지가 처벌받고 감옥에 갈 수도 있다고 해 아버지의 상실에 대한 두려움과 죄책감을 느끼게 한다.

셋째, '분리Isolation' 수법을 통해 주변 사람들로부터 심리적으로 격리시킨다. 이 일에 대해 다른 사람에게 이야기한다고 해도 아무도 믿지 않을 것이며, 오히려 너를 정신이상자로 취급할 거라고 겁을 준다. 그렇게 하여 아이가 다른 사람들에게 피해 사실을 알리고 도움을 청하는 행위를 스스로 포기하게 만든다.

넷째, '미각성 상태Not awake'를 이용한다. 가정 내 성학대의 경우 가해자가 마음만 먹으면 원하는 시간과 장소에서 범행을 할 수 있다. 이때 정신이 온전한 상태의 피해자를 성폭행하는 것보다 잠을 자는 등 의식을 제대로 차릴 수 없어 저항하지 못하는 상태를 이용하는 것이 가해자에게 심리적으로 부담이 덜하다. 일단 한번 학대가 시작되면 미각성 상태에 있지 않을 때에도 피해자가 습관적으로 응하거나 자포자기하는 경우가 많아 장기적으로 지속될 가능성이 크다.

다섯째, '죽음의 공포Death fear'를 이용한다. 만일 이 일에 대해 누설하면 죽여버리겠다고 하는 등 가장 극단적이고 직접적인 위협을 하는 것이다.

가해자는 자신의 행동이 커다란 문제를 발생시킬 수 있기 때문에 결사적으로 이 사실이 누설되지 않길 원하고, 또 한편으로는 가급적이면 오랫동안 이런 행동을 지속시키길 원한다. 그러므로 이 중 한 가지 수법만 사용하는 것이 아니라 상황과 여건에 따라 하나 혹은 두세 가지 이상의 전략을 구사하여 목적을 달성한다.

투사: 투사는 지그문트 프로이드Sigmund Freud의 제자인 칼 구스타브 융Carl Gustav Jung이 분석심리학에서 가장 중요한 방어기제로 주장한 것으로, 자신에게 내재되어 있는 심리적 속성이 타인에게도 있을 것이라는 전제하에서 행동하는 것이다.

스스로 수용할 수 없는 욕망, 생각이나 느낌을 자기가 아닌 다른 사람으로 옮겨서 설정해놓은 방어기제, 즉 자신을 죄책감으로부터 방어하기 위한 개념이다.

욕구와 의존 또한 투사할 수 있다. 그리고 공포와 좌절, 나쁜 경험들을 투사할 수 있다. 예컨대 혼이 난 아이는 자신이 무언가를 통제하는 위치에 서게 되면 혼이 났던 경험을 바탕으로 통제 대상(예를 들어 인형)에게 똑같은 잔소리를 해댈 수 있다. 부정행위 등으로 배우자에게 불성실한 사람이, 자신의 배우자도 불성실할 것이라는 가정 아래 배우자를 비난하는 형태도 이에 해당한다. 바람을 많이 피우는 남성이 배우자의 일거수일투족에 더욱 관심을 가지고 통제하려는 형태가 대표적이다.

동일시: 소아기호증 환자들은 소아를 자신의 소아기적 거울상Mirror Image으로 간주한다.

동일시는 좋아하거나 존경하는 대상만이 아니라 두려워하는 사람에 대해서도 나타날 수 있다. 예를 들어 아들이 아버지를 미워하지만 닮을 수도 있는 것이다. 겉으로는 미워하지만 속으로는 아버지라는 강한 존재를 의식하고 있기 때문이다. 동일시는 자아와 초자아의 형성에 커다란 역할을 하며, 이를 통해 주로 부모의 여러 가지 면이 자식의 성격에 스며들게 한다.

롤리타 증후군(소아성애증): 1955년 소설 《롤리타》에서 유래된 용어다. 소아성애증 혹은 소아기호증이라고도 하며, 어린아이들에게 성적 관심이나 호기심을 가지고 접근하는 성 도착증 증세를 말한다.

이들의 범행 대상은 자신의 친자식이나 친척, 의붓자식, 주위에 있는 아동들이며, 접근 방법은 ① 아동에 대한 위협 ② 아동의 부모로부터 신뢰 획득 ③ 매력을 느끼는 아동의 어머니와 결혼 ④ 아이들과 음식을 같이 먹는 등 함께 지내는 시간을 늘려가면서 자연스러운 분위기를 조성하는 것 등이 있다.

그들은 대개 사회에 대한 적응 능력이 떨어지며 대인관계가 매끄럽지 못하기 때문에 순응을 잘 하고 쉽게 복종하며 다루기 쉬운 아동을 피해자로 선택한다. 또한 가해자와의 성관계를 합리화하기 위하여 아이들이 성적으로 도발하였다고 주장하는 경향이 강하다. 주로 성적으로 미성숙한 성인들에게 많이 나타나는데, 아동과의 성관계를 통해 성적 불안이 줄어들어 상대적으로 자존감이 높아진다. 이들 대부분은 사회

관계가 단절되어 있고, 성인 여성에 대해 성적인 자신감이 결여되어
있거나 정상적인 섹스를 할 수 없는 경우가 많다.

◇◇

'섬'에서의
성범죄

Q 신안 여교사 성폭행 사건은 저에게 경악 그 자체였습니다. 사건
도 사건이지만 이 사건이 알려진 뒤 마을 사람들의 태도가 더 충격적
이었습니다. 여교사가 마을 분위기를 망친다며 손가락질을 했다니요,
그 마을의 어떤 이는 죽은 것도 아닌데 왜 일을 크게 만드는지 모르겠
다고 이야기했습니다. 이처럼 우리 사회의 잘못된 인식이 걱정입니
다. 70대 노인이 자신의 배에 탄 여성에게 성욕을 느껴 같이 탄 남자
친구를 바다에 빠뜨리고 여성 또한 빠뜨려 사망케 한 범죄도 있었지
요. 혹시 폐쇄적인 섬이라는 지리적 영향이 성범죄와 연관이 있나요?

신안 여교사 성폭행 사건은 자녀의 교사를 성폭행 대상으로 삼았
다는 점에서 대한민국의 모든 국민이 경악을 금치 못한 사건이다.
좀 더 자세히 사건을 살펴보자.

신안에서 근무 중이던 한 초등학교 여교사는 어느날 육지로 나갔다가 목포에서 마지막 배를 타고 다시 섬으로 돌아왔다. 섬에 도착한 시간이 저녁이어서 학부모가 운영하는 횟집에서 저녁을 먹고 관사에 들어가기로 했다. 식사를 하는데 옆 테이블에서 소주를 마시고 있던 이 식당 주인 B와 B의 지인 C가 여교사를 불러 술을 권했다. 몇 잔씩 받아 마시던 여교사는 술에 취해 구토를 하고 정신을 차리지 못했다. 술을 깨기 위해 식당 빈방에 누워 있던 중 B와 C가 술자리를 끝냈고 B가 자신의 차로 여교사 A를 관사에 태워다줬다.

인사불성인 A교사를 관사에 데리고 온 B는 A교사를 눕혀놓고 성추행을 했다. 가게 정리를 해야 하는 B가 밖으로 나서자, 이번에는 뒤따라온 C가 들어가 의식이 없는 여교사를 성폭행했다. 가게로 돌아온 B는 식당업을 하는 D에게 아무래도 C가 수상하다면서 관사에 가보라고 했다. 관사에 온 D는 여교사가 정신을 차리지 못하는 사실을 알고 성폭행을 했으며, B 또한 가게를 정리하고 다시 관사로 찾아가 여교사를 성폭행했다. 피해자 여교사가 잠에서 깬 건 이튿날 새벽 2시. 여교사는 이상한 흔적들을 발견하고 경찰에 신고했다.

섬과 같이 하나의 고립된 공간에서 생활하는 지역사회에는 독특한 심리적 정서가 있을 수 있다. 영화 〈이끼〉에서 보듯이, 많은 사람들이 오가는 공개된 도시보다 격리된 지역사회에서 상대적으로 폐쇄적인 법칙과 메커니즘이 존재할 수 있다는 것이다.

가족과 떨어져 섬에 부임한 여교사는 그런 면에서 매우 취약한 존재였을 것이다. 나이도 어린 데다가 만일 성적으로 나쁜 소문이 돌면 철저하게 피해를 당할 수 있는 불리한 위치에 있었다. 가해자들은 이러한 상대의 약점을 악용했다. 식당에서 만난 초임 여교사에게 우호적 분위기를 가장해 술을 권했고 술에 취한 여교사를 안전하게 데려다준다는 명목으로 관사에 데려가 성폭행을 했다. 더욱이 한 사람에 의한 성폭행이 아니라 동네 사람들에 의한 집단 성폭행이었다. 이들은 서로 눈치를 봐가며 순차적으로 범행함으로써 서로의 약점을 공유하면서 공동의 비밀을 유지하려고 했다.

이런 종류의 범죄는 분산된 책임감으로 인해 상습적으로 지속될 수 있다. 공범의식이 있게 되면 죄책감이 중화된다. 책임이 n분의 1로 분산되기 때문이다. 이번 사건으로 세상에 알려지긴 했지만 그 전에도 유사한 형태의 성범죄가 발생했을 가능성을 배제하기 어렵다. 심지어 지역주민 중에는 관광 수입이 줄어들 것을 걱정해 피해자를 비난하거나 가해자를 옹호하는 경우도 있었다. 논란이 일자 사과하고 서둘러 마무리를 짓긴 했지만 인간의 이기적인 면이 여실히 드러난 사례였다.

이번 사건에서 피해자가 보여준 용기가 없었다면 이 지역에서 비슷한 사건이 계속해서 일어났을 가능성이 크다. 술이 깬 뒤 성폭행을 당했다고 느꼈을 때 바로 몸을 씻지 않고 경찰에 신고한 것이다. 피해자의 대처는 지혜롭고 현명했다. 경찰은 피해자를 육지의 병원으로 데려가 성범죄 사실을 규명하기 위한 여러 조치를 신속하게 했다. 그럼으로써 증거를 확보해 가해자들을 처벌할 수 있었다.

만일 피해자가 수치심에 적극적으로 사건에 대처하지 않았다면 어떤 일이 벌어졌을까? 같은 지역에서 가해자와 피해자가 같이 생활하는 이런 사건은 모르는 사람으로부터의 성폭행 피해와는 성격이 다르다. 소극적이거나 회피적인 피해자의 태도는 상황을 관망하던 범죄자들에게 안도감과 학습효과에 이은 강화효과를 주게 된다. 시간이 지나 죄의식이 엷어져가고 처벌의 두려움이 가실 때쯤, 다시 집단적 혹은 개별적인 성폭행을 시도할 수도 있다. 당장 피해자에 대한 성폭행이 재발했을 것이며 다른 여교사에게도 이런 수법을 사용하여 성폭행을 할 가능성이 커진다.

한편 사건을 수사하던 경찰이 DNA분석을 통해 범인 중 한 명이 다른 지역에서 성폭행을 한 사실을 추가적으로 밝혀냈다. 이러한 사실만 봐도 성범죄자들은 성공을 통해 행동을 강화시키며 피해자의 수치심을 악용해 범행을 지속하고 있음을 알 수 있다.

성적 욕구를
부채질하는 술

Q 젊은 직원들끼리 혼자 사는 남자 동료의 집에서 술을 마시는 경우가 종종 있습니다. 여자라고 빠지면 팀 분위기를 해칠까 봐 곧잘 어울리곤 하는데 그래도 위험한 상황은 만들지 않으려고 합니다. 적어도 다른 여직원 없이 저 혼자 남는 상황은 피하려고 하는데요, 잘하고 있는 것이 맞나요?

술은 일시적으로 인간의 마음을 무장해제시킨다. 술을 마시면 자연스럽게 느슨한 분위기가 연출될 수 있고 이를 잘 이용하면 어색했던 인간관계를 효과적으로 해소할 수 있다.

직장에서의 인간관계는 딱딱하고 공식적이다. 일과 후의 회식은 느슨하고 자유로운 분위기를 통해 공식적 관계에서의 스트레스를 줄이고 긴장을 풀어주는 효과가 있다. 상사와 부하 간 불편했던 관계, 업무상 불가피했던 어색함이 술을 통해 해소되기도 한다. 회식과 술의 긍정적인 면이라고 할 수 있다.

그런데 술과 성性은 연관성이 있다. 직장에서 성과 관련되어 여러 문제가 불거지는 대표적인 장소가 회식자리다. 또 의도적이든 우발적이든, 성적 접촉을 하고자 하는 남성이 여성의 반항을 무력화시켜 목적을 달성하기 위해 주로 사용하는 매개체가 바로 술이다. 약물을 사용하는 경우도 있지만 약물은 술에 비해 매우 계획적이고 고의적으로 비춰져 형사처벌 가능성이 커지는 등, 가해자의 입장을 매우 불리하게 만든다.

반면 술은 성적 문제 발생후 책임 소지를 따졌을 때 약물에 비해 우발성을 주장할 수 있다는 점에서 가해자에게 매력적이다. 술 마시는 과정에서 피해자가 느슨하게 비치는 반응은 가해자가 행동을 결정하는 데 커다란 영향을 미친다. 물론 성적으로 동기화된 남성이 먼저 취해버린다면 성적인 문제는 일어나지 않을 것이다. 남성 스스로 성적 행동을 실행에 옮기지 못할 테니까 말이다.

A는 두 학기 동안 같은 학교에서 기간제 교사로 근무했던 여교사가 계약 만료로 학교를 그만두게 되자, 송별회 겸 회식을 빌미로 동료 교사 두 명과 함께 해당 여교사를 집으로 불러들였다. 그리고 술에 취한 여교사를 성폭행했다.

여성이 술에 취해 흐트러진 모습이나 틈을 많이 보이면 보일수록 자신의 의지와는 상관없이 상대 남성의 성적 욕구나 성폭행 의지가 강화될 수 있다. 이것은, 여자는 술에 취할 권리도 없느냐고 주장하는 것과는 다른 문제다. 상대 남성이 주관적으로 그렇게 판단할 수 있는 빌미를 준다는 사실을 이야기하는 것이다. 술은 내부에 도사리고 있는 잠재적 욕구와 본능을 깨우고, 도덕이나 체면이라는 제어장치를 풀어버린다. 그렇기 때문에 술이 필수인 회식자리에서 여성에 대한 성적 희롱이나 성추행이 자주 발생하는 것이다.

높은 직책이나 학력이 성희롱이나 성추행을 제어하는 역할을 할 수 있을까? 그런 기대가 있지만 사실 그렇지만도 않다. 오히려 그런 조건들로 인한 자신감과 교만으로 촉진하는 경우도 있다. 사람의 내부적 욕구나 욕망이 얼마나 도사리고 있는지, 그리고 가해자의 마음속에 자만과 교만함이 존재하는지 여부가 그러한 행동을 할 수 있게 하는 심적 원동력이다. 정치인이나 고위 공무원, 외교관, 군 장교들의 성적 일탈 행동이 가끔씩 보도되는 것은 이러한 이유 때문이다. 직장에서는, 평소 자기보다 직급이 낮은 사람에게 함부로 해도 된다는 생각을 가진 사람에 의해 발생되는 경우가 많다.

술자리에서 여성이 혼자인 경우, 다른 여성과 함께 있을 때보다 더 위험하다. 다른 사람들이 없는 상태에서 느슨한 분위기를 틈타 여성을 노리는 남성들은 어디에나 있다. 남성은 자신과 단둘이 술을 마실 정도로 술에 취해 분위기가 흐트러진 상태라면 여성이 성적 접촉을 받아들여줄지도 모른다고 생각할 수 있다. 그래서 술을 마실 때 자신이 없으면 분명히 마시지 않겠다고 하거나 몰래 술을 따라내고 물을 마시는 등 적극적으로 자신을 보호해야 한다. 자신을 위험에 빠뜨리느냐 아니면 위험에서 구하느냐 하는 문제는, 분위기에 휩싸여 피해를 당한 뒤 후회를 할지 아니면 미리 지혜롭게 대처하여 그런 일을 방지할지를 결정하는 문제이다. 순간의 선택이 평생을 좌우한다.

갑과 을 사이
범죄

Q 저는 연예인 지망생입니다. 요즘은 연예인 전성시대로 정말 많은 기획사와 연습생들이 있는데요. 연습생들의 마음이 워낙 절박하다 보니 갖가지 범죄의 위험에 많이 노출되는 것 같습니다. 하지만 연습생들은 꿈을 이룰 수 있을지도 모른다는 생각에 끌려 다닐 수밖에 없는 것이 현실입니다. 이처럼 상대의 절실함을 이용하는 범죄를 간파하는 방법이나 특성화된 유형이 있는지 궁금합니다.

상대의 운명을 손에 쥔 '갑'과 자기 운명이 갑의 손에 쥐어진 '을'의 관계에서 벌어지는 성적 착취 관계는 늘 도마 위에 오른다.

젊은이들이 연예인을 꿈꾸는 현상은 비단 어제오늘 일은 아니지만 요즘엔 더 심해지고 있다. 연예인들의 생활은 현실에 비해 많이 부풀려져 있다. 대중매체에서 가끔씩 소개되는 연예인들의 깨끗하고 화려한 아파트와 TV 화면에 비치는 모습 등이 연예인을 꿈꾸는 젊은이들의 욕망을 더욱 부채질한다. 게다가 길거리 캐스팅으로 하루아침에 신데렐라가 되었다는 얘기를 들으면 자기도 그 주인공이 될 수 있을 것 같은 생각이 든다.

그러나 현실은 다르다. 스타가 되는 길은 바늘구멍을 통과하는 일과 같다. 그렇기 때문에 지망생들은 더더욱 조급하고 절박한 심정을 갖게 된다. 누군가에게 선택되지 않으면 자기 꿈을 이룰 수 없기 때문이다. 그런데 안타깝게도 이런 심리적 급박감을 이용하여 성적 욕심을 채우는 사례가 자주 발생한다.

A는 연예인의 꿈을 안고 서울에 올라와 수차례 오디션을 봤으나 낙방했다. 그러던 중 한 지인의 소개로 기획사에 들어가게 되었다. 그러나 그 뒤에도 달라진 상황은 없었고 오히려 금전적인 투자를 강요당했다. 모든 경비를 자신이 지불하는 것도 모자라 금품까지 요구당한 것이다. 그러나 A는 이상하게 여기지 않았고, 곧 데뷔할 수 있다는 달콤한 유혹에 넘어가 빚까지 지게 되었다. 뿐만 아니라 기획사 대표는 A의 절실한 마음을 이용하여 성추행을 했고 결국 성상납을 요구하였다. 연예계는 인맥과 스폰서가 중요하다고 하면서 말이다. 이 기획사는 무허가 기획사였고 처음부터 연예인 지망생들에게 다른 목적을 두고 접근한 것이었다.

이와 같이 상대의 절실한 꿈을 이용하여 성적인 접근이나 공격을 하는 사람들은 자신들의 지위나 권력을 가지고 약한 상대를 통제하려는 마음을 먹는다. 그들은 처음 범행을 시도할 때 즉각적이고 직접적인 방법을 쓰지 않는다. 처음에는 미끼를 던진다. 성공할 수 있게 돌봐준다든지 앞날에 조언을 주겠다는 식으로 말이다. 이때 상대의 반응이 중요하다.

가해자는 자신의 의도를 감추기 위해 다양한 방법을 사용하는 과정에서 상대의 반응을 관찰한다. 상대가 적극적으로 거부하지 않는 것을 보고 조심스럽게 마각馬脚을 드러낸다. 그러다가 상대가 소극적인 수용을 하는 순간 수위를 높여간다. 반대로 상대가 거부하는 등 자신의 시도가 잘 들어먹지 않을 때는 바로 포기한다. 항상 주위에 먹잇감이 넘쳐난다고 생각하기 때문에 굳이 문제를 일으킬 수 있는 상대를 선택할 이유가 없는 것이다. 괜히 무리를 해서 문제가 발생하면 자신의 입지만 불안해질 수 있으니까 말이다.

거부한 당사자는 피해자임에도 불구하고 더는 그곳에서 자신의 꿈을 이룰 수 없게 된다. 가해자는 자신을 거부한 피해자를 표 나지 않게 곤경에 빠뜨릴 수 있는 힘을 가지고 있다. 그러나 현실적으로 여러 번의 경험을 통해 목적을 달성한 적이 있는 가해자는 피해자에게 거부당하는 일이 거의 없다. 상대를 어떻게 요리해야 하는지 잘 알고 있다. 피해자가 밉보여 불이익을 당한다는 소문이 돌면 주변 사람들에게 무언의 학습효과를 줄 수도 있다.

이럴 때 여성의 입장에서 피해를 입지 않으려면 상대의 행동이 이상하게 전개되는 순간 즉시 알아차려야 한다. 그리고 거부의 의사를 분명히 밝혀야 한다. 또 주위 친한 친구나 선배, 부모에게 이러한 사실을 알려야 한다. 물론 지금까지 공들여 쌓은 것들이 한꺼번에 무너질 수 있다는 두려움 때문에 주저하게 될 수도 있다. 상대는 바로 그 점을 노리는 것이다.

가해자의 요구를 수용해서 상대의 의중대로 행동한다 해도 성공할 수 있는 가능성은 매우 낮다. 성공의 의미는 사람마다 다르겠지만, 어쨌든 시간이 지나 단물이 빠지면 가해자는 언제든지 피해자를 팽개칠 수 있다. 그렇기 때문에 위기 순간을 정확히 감지하고 이에 대한 마음의 준비를 해야 한다. 주저하는 사이에 성희롱, 성추행, 성폭행까지 당하고 남의 꿈을 가지고 장난질하는 가해자의 의도대로 시간을 보내서는 안 된다.

교만한 권력자의
성범죄

Q 대학에서 지도교수에게 강제추행을 당했습니다. 워낙 막강한 권력을 가진 사람이기 때문에 저는 피해자임에도 그에게 잘못을 묻지 못했습니다. 상대적 약자라는 이유로 제대로 대응을 하지 못한 현실이 너무 답답합니다. 이런 경우 강제추행 사실을 가해자와 피해자 둘만 알고 있는 경우가 많을 텐데요. 그렇기 때문에 즉각적 대응 방법이 무엇보다 중요할 거라고 생각합니다. 우월적 지위를 가진 사람이 잘못된 행위를 가할 경우 어떻게 대응해야 하는 건가요?

대학 내에서 교수의 영향력은 절대적이다. 학생의 성적은 물론, 학위나 취업, 나아가서 교수 임용에까지 영향을 미치기 때문이다. 그런데 이런 우월한 지위를 잘못 이용하는 사람들이 종종 있다.

OO대학교병원 정신건강의학과에서 인턴근무를 하던 A는 정

성범죄 83

신과 회식자리에서 지도전담의 B로부터 강제추행을 당했다. A는 이 충격으로 석 달 만에 병원을 그만뒀지만 병원 간판교수였던 지도교수와 병원 측은 어떠한 사과도 하지 않았다. A는 정신과 전문의가 되겠다는 꿈도 접어야 했다.

교수는 사회적 지위가 있어 학생을 대상으로 한 성적 행위가 알려질 경우 치명적인 타격을 입는다. 그래서 대상 학생에게 교육적 관심이 있고 도움을 줄 수 있다는 식으로 이유를 대며 접근한다. 문제가 불거질 때 주로 대는 핑계다. 대학 내 성희롱, 성추행 가해자의 특징은, 뛰어난 학문적 업적과 활발한 사회활동으로 학생의 취업이나 진로에 영향을 미칠 수 있다는 자신감을 지녔다는 것이다. 자신감이 교만함으로 이어지면서 착각에 빠져 자신을 제어하지 못하는 사람들이 그러한 행위를 할 가능성이 있다.

대학에서는 지속적으로 성희롱, 성폭력 예방교육이 이루어지고 있고 학교별로 상담실도 운영하고 있다. 회사에서도 성희롱 예방교육을 하고 있고 담당자를 선임해 방지하려고 한다. 그러나 여전히 상대적으로 높은 지위를 이용한 범죄가 끊이지 않고 있다. 피해자 입장에서는 부당한 대우를 받거나 조직에서 따돌림을 당하는 등, 문제제기 이후에 일어날 일들에 대한 두려움이 커 적절히 대응하지 못하는 현실이다.

상대의 눈빛을 보면 위험한 상황을 감지할 수 있다. 그럴 때 가급적이면 단둘이 있는 상황을 피해야 한다. 가해자는 최대한 둘만 있는 상황을 만들려고 할 것이지만, 자신이 주도해나갈 수 있다는 확신이 들 경우에는 여러 명이 있는 자리에서도 성희롱이나 성추행을 할 수도 있다. 필요한 경우에는 녹음 등으로 증거를 확보해놓아야 한다.

가해자와 피해자는 갑을관계에 있기 때문에 대부분의 경우 즉각적 대응이 현실적으로 어렵다. 그래서 얼떨결에 당하는 경우가 많다. 그러나 한번 당하고 난 이후 어떤 조치를 하지 않고 용인할 경우에는 가해자에게 잘못된 신호를 줄 위험이 있다. 피해자를 주도하고 있다는 자신감과 추행의 강도를 올려도 되겠다는 오판을 하게 만드는 것이다. 가해자는 피해자를 한번 건드려본 뒤 자신에게 어떤 역풍이 닥칠 것인지 나름대로 분석을 하고 이후의 행동 방향을 결정한다. 그러므로 처음에 피해를 당하고 난 다음 피해자의 대응이 중요하다. 그렇지 않으면 지속적인 피해, 심할 경우 성폭행까지 당할 수 있다.

가해자는 상대 여성이 그런 피해를 당하고 난 이후에도 평소 자신을 대하는 태도에 별다른 변화가 없다면 안도하게 된다. 그리고 자신의 행동을 합리화한다. 그 정도는 괜찮다고 자신을 향해 격려한다. 자신의 위치와 힘, 권력에 대해 자만한다.

이때 주변 사람들의 침묵도 일조한다. 집단적 침묵으로 인해 잘못된 행동이 용인될 때 심리적 강화가 이루어진다. 결국 괜히 끼어

들어 손해 보지 않으려는 이기적 생각이 암묵적으로 퍼져 있을 때 그 집단에서 이루어지는 성희롱이나 성추행은 점차적으로 하나의 문화로 자리를 잡게 된다. 일반적으로 이런 종류의 문제는 한 사람이 공개적으로 문제제기를 하고 난 뒤, 주위에서 용기를 내 동조하는 형식으로 이루어진다. 고양이 목에 누가 먼저 방울을 다는가의 문제다.

이런 문제를 제기할 때 주변에서 제지하거나 괜히 문제를 일으키지 말라고 이야기하는 사람들도 있다. 그들은 직접적으로 피해를 당하지 않았거나 본인 스스로 어느 정도 그런 분위기에 익숙해져 있기 때문에 변화를 바라지 않는 것이다. 기회주의적 성향을 가지고 있으므로 공개적으로 문제가 불거지면 언제든지 분위기에 따라 잘못된 성희롱, 성추행 문화에 대해 가해자를 비난할 준비가 되어 있다. 가해자가 사법처리를 당하는 등 대세가 기울면 나서서 비난하진 않지만 조직을 곤경에 빠뜨렸다는 등 너무 심한 것 아니냐는 등 은근하게 흉을 볼 가능성도 있다. 이 사람들이 인생을 책임져주는 것은 아니므로 신경을 쓰지 않는 것이 좋다.

신입생 환영회에서
생긴 일

Q 올해 딸이 타지에 있는 대학에 진학했습니다. 과 행사에 다녀온 얘기를 들었는데, 성희롱이나 성추행같이 기분 나쁜 상황이 벌어지기도 했다더군요. 그런데 더 놀라운 것은 여자 선배들이 오히려 더 강요를 했다는 사실입니다. 거부하려고 하면 자기들도 신입 때 다 했다고 하면서 비난한다는데, 이건 일종의 보상심리 같은 건가요? 딸을 타지에 보내놓고 하루도 맘 편할 날이 없습니다.

한 대학의 신입생 오리엔테이션에서 게임을 빙자하여 다음과 같은 일이 벌어졌다. 일명 '25금禁 몸으로 말해요' 게임으로, 선배들이 몸으로 성행위를 묘사하면 신입생이 해당 단어를 맞히는 것이다. 이어진 게임에서는 남학생이 여학생을 무릎에 앉힌 뒤 서로 껴안고 술을 마시는 벌칙을 강요하기도 했다. 이 오리엔테이션에 참가했던 남학생들은 "게임일 뿐이었다"고 말했다. 또 여학생들은 게임을 하는 중에 "내가 너무 보수적인 걸까?", "대학생은 원래 이러고 노는 것인가?"하고 생각했다고 말했다. 이렇듯 가해자는 물론 피해자의 인식 또한 부족한 현실이다.

신입생 환영회에서 벌어지는 성희롱, 성추행 등은 조선시대 선비들 사이에서 만연한 저질 신고식 문화가, 사회에서 만연되는 성적 가혹행위로 이어진 것으로 볼 수 있다. 군에서의 가혹행위와도 같은 맥락이다. 정조시대의 실학자 이긍익의 〈연려실기술〉에 인용된 율곡 이이의 〈석담일기〉에는 선조 임금과 율곡 이이의 대화 내용이 담겨 있다. 조선시대 성균관처럼 선비들이 포진한 기관에서 혹독한 신고식이 벌이지게 된 기원에 대해 선조가 이이에게 묻자, 이이는 고위층 자제들이 부정한 방법으로 성균관에 들어가는 행태에 대하여 사회적 분노가 누적되어 벌어진 결과라고 답한다. 이런 의도에서 시작된 신고식은 시대가 변함에 따라 먼저 들어온 사람이 나중에 들어온 사람들의 기를 꺾기 위해 행해지는 등 나쁜 방향으로 변형된 것이다.

조선시대 선비들이 과거에 급제한 이후 과도한 술값을 치르고 오물을 뒤집어쓰고 매를 맞고 똥물에 뒹굴었던 기억은, 현대에 대학 신입생들이 우동 그릇이나 선배 운동화에 담긴 소주를 마시거나 군 신병이 가혹행위를 당하는 것으로 이어졌다. 이러한 문화는 전반적으로 서서히 자리 잡았다. 먼저 들어왔다는 이유만으로 후배, 후임에게 가혹행위를 하는 것은 남녀 가리지 않고 계속되었다.

그런데 여기서 여자 신입생에 대한 성희롱이나 성추행은 이러한 분위기에 여성이라는 대상에 대한 독특한 성적 공격이 추가된 것이다.

일반적으로 선배라는 지위를 이용해 여성 후배에 대한 성적 공격에 적극적인 남성은 평소 여성들과 접할 수 있는 기회가 별로 없거나 여성들에게 인기가 없는 사람일 가능성이 크다. 그들은 선배라는 위치를 이용해 평소에 접할 수 없었던 상황을 만들 수 있다고 생각한다. 그래서 이러한 기회를 십분 활용하는 거다. 그들 마음속에는 어디서 그런 기회를 누려볼 수 있을까 하는 열등감이 존재한다. 그래서 술자리나 단체 모임 등을 이용하게 된다.

앞의 사례에서 여성 신입생에 대한 성적 공격을 바라보는 여자 선배들의 시각은 다소 의외일 것이다. 문제제기는커녕 남자들보다 더 가학적인 모습을 보이는 경우도 있다. 이렇게 행동하는 이유는, 이러한 성적 공격이 잘못된 것임을 분명 인식하고 있지만 어차피 자기들은 이미 겪었기 때문에 후배들도 똑같이 겪어야 한다고 굳게 믿고 있기 때문이다.

선배는 절대로 신 같은 존재가 아니다. 후배들도 그러한 사실을 알고 있지만, 새로운 분위기에 적응하기 위해 그들의 말을 경청하고 따를 뿐이다. 이런 심리를 선배들 또한 알고 있다. 이미 경험했기 때문이다. 그래서 자신의 경험을 바탕으로 더 발전시켜서 후배에게 적용하는 것이다.

선배의 부당한 행위를 적극적으로 거부할 때 아마 선배들은 당황할 것이다. 그리고 대응수위를 조절할 것이다. 아예 대처하기 힘들 것으로 판단하면 왕따를 시키거나 배제하는 식으로 나올 텐데, 그것이 무서워 머리를 숙일 필요는 없다. 이러한 행위에 대해 적극적으로 거부 의사를 밝히는 것은 수치스러운 일이 아니다. 자신의 정당한 권리를 찾는 논리적인 대응일 뿐이다. 두려워하지 말라. 행동하기 전에 신중히 생각하고, 일단 결심하면 자신의 의사를 분명히 밝힐 일이다.

가해자에게
두려움을 들켰을 때

Q 성폭력 피해자는 피해 사실이 알려지는 것을 두려워해 대응을
제대로 못하는 것 같습니다. 이런 미온적 대응이 약점이 되어 피해가
계속될 수도 있을 것 같습니다. 가해자들이 이런 상황을 악용하기도
하나요?

성폭력 피해자의 경우 주변의 시선이나 자신의 미래가 걱정되어
피해 사실을 숨기고 싶어 하는 경우가 많다. 그런데 과연 숨기는 것
이 상책일까? 이때 추가적인 피해 가능성은 없을까? 다음의 사례
를 주목해보자.

A는 5월 초 오전 6시 30분쯤 귀가하던 B를 집으로 끌고 들어
가 성폭행했다. 이 사건으로 B는 산부인과에서 세 차례나 치료
를 받았다. 사회적 평판이 나빠질 것을 두려워한 피해자 B는 A

에게 "절대로 연락하지 않을 것, 타인에게 발설하지 않을 것을 약속합니다"라는 내용의 각서를 받은 뒤 책임을 묻지 않고 넘어갔다.

그러나 한 달 뒤 A는 또다시 B를 성폭행했다. B는 A가 이 사실을 발설하면 증거로 사용해야겠다는 생각에 바닥에 떨어진 정액을 비닐봉지에 담아 냉동실에 보관했다. 그러면서 A에게 전화와 문자메시지를 수백 번 보내 누구에게도 말하지 말라고 당부했다. B는 그만큼 피해사실이 알려지는 것을 두려워했다. 하지만 B가 두려워하고 있다는 사실을 알게 된 A는 오히려 "주변에 알려 결혼 못 하게 하겠다"고 협박하며 금품을 요구했다.

성폭행을 당하고 난 이후 즉각 피해 사실을 신고하지 않은 피해자의 소극적 행동은 가해자가 스스로 오판을 하게 만든다. 자기가 성폭행을 한 것이 아니라 조금 난폭하게 행동했을 뿐이며, 피해자 역시 속으로는 싫어하지 않았다고 생각하게 만드는 것이다. 다시 말해 자신이 한 범죄행위에 대해 스스로 정당성을 부여한다. 강간범 중에는 이러한 확신을 가지고 있는 자들이 많다. 강간범들에게 피해자에 대한 생각을 물어보면, 대부분 자신의 행동을 합리화하려는 경향을 보인다.

앞의 사례에서 세 차례 산부인과 치료를 받는 과정에서 피해자가 아무런 조치도 하지 않은 것은 치명적인 실수다. 또 피해자가 가해자에게 연락을 하지 않고 누구에게도 발설하지 않겠다는 각서를 요구할 때, 가해자는 속으로 쾌재를 불렀을 것이다. 상대가 자신을 두려워하고 있다는 사실을 알게 되었고, 피해자가 속으로는 즐기고 있을 거라는 잘못된 생각을 강화시켰기 때문이다. 이러한 이유로 가해자는 또다시 성폭행을 한 것이다.

뒤늦게라도 증거를 수집해야겠다는 생각에 정액을 보관해놓긴 했지만, 가해자에게 거의 애원하다시피 남에게 알리지 말아달라고 청한 것은 역시 좋지 못한 대응방식이다. 가해자는 아마도 이 과정을 즐겼을 것이다. 피해자로부터 문자와 전화를 받는 순간 상대를 좌지우지할 수 있다는 자신감을 느끼면서 말이다.

나중에는 가해자가 협박하는 상황까지 왔는데, 이러한 반응에는 피해자의 책임이 있다. 부모나 주변 사람들 혹은 성폭행 상담소 등에 알려 조치할 수 있는 상황을 스스로 막았기 때문이다. 성폭행뿐 아니라 금전적 요구까지 하고 있다는 것은 가해자가 피해자를 정신적, 육체적으로 완전히 장악한 것이라고 볼 수 있다. 이는 최악의 대응이다. 이런 식으로 가면 계속 질질 끌려 다닐 수밖에 없다.

● 여성을 위한 상담전화

가정폭력, 성폭력, 성매매 긴급 전화상담 및 보호	한국여성인권진흥원	1366
성폭력, 성매매, 학교, 가정폭력 상담·신고	아동·여성·장애인 경찰지원센터	117
가정폭력, 성폭력, 부부갈등해결, 부부캠프	한국여성상담센터	02-953-2017
여성인권, 가정폭력, 성평등운동	한국여성의전화	02-2263-6464

◇◇

일상적인 장소에서
대응 방법

Q 인적이 뜸한 화장실을 갈 때, 낯선 사람과 엘리베이터를 탈 때,
붐비는 지하철을 탈 때 등, 여자로서 두려움과 수치심을 느끼는 일이
잦아지고 있습니다. 그냥 화장실을 가고 엘리베이터를 타고 지하철을
이용할 뿐인데 왜 항상 경각심을 가지고 다녀야 하는 건지 한편으로
화가 나기도 합니다. 하지만 어쨌든 안전하게 피해를 입지 않는 것이
최우선 과제일 텐데요. 공공장소 및 이동수단에서 벌어지는 범죄를
예방하기 위한 방법에는 무엇이 있을까요?

공공장소는 누구나 접근할 수 있는 곳이다. 이 '누구나'에는 범죄
자들도 포함된다. 공공장소는 때에 따라서 범죄를 저지르기 좋은
곳이 된다. 그렇다면 어떻게 범죄를 예방할 수 있을까?

공중화장실

최근 대학 및 공원 화장실에 비상벨을 설치하는 곳이 늘고 있다. 비상벨 설치 시 가장 중요한 것은 비상시에 신속하게 접근할 수 있느냐 하는 문제이다. 따라서 비상벨을 세면대는 물론 각 변기 칸마다 설치해야 한다. 비상벨을 누르면 외부에 설치된 사이렌과 경광등이 울리도록 조작해놓는 것이 효과가 좋다. 112종합상황실과 연결이 되어 경찰이 즉시 출동하게 되는 구조 등으로 이어진다면 범죄자의 심적 부담이 커져 범죄 의지를 꺾는 데 큰 도움이 된다.

엘리베이터

낯선 사람, 그것도 전혀 모르는 남녀가 밀폐된 공간 안에 있게 되면 어색한 분위기가 흐르게 된다. 만일 성적으로 동기화된 남성이 의도를 가지고 접근하는 상황이면 여성이 피해를 입는 것은 시간문제이다. 대부분의 엘리베이터에 감시카메라가 설치되어 있어 예방효과가 있긴 하지만 일단 범죄가 발생한 다음에야 그 효력이 발생된다. 통상 범인은 젊은 여성을 따라와서 같이 동승하는 것이 일반적인데 만일 느낌이 좋지 않다면 자연스럽게 내리는 것이 바람직하다. 그러나 할 수 없이 같이 타게 된다면 그 사람 뒤에 서 있어야 한다. 만일 앞에 서 있는 경우라면 엘리베이터 문에 비치는 상대의 모습을 경계심을 가지고 관찰해야 한다.

엘리베이터 내에서 성추행이 이루어진 경우에는 범인이 집으로 따라 들어오는 경우는 드물다. 상대적으로 엘리베이터 내의 기습적 성추행보다는 오히려 같은 층에서 내려 집으로 따라오는 경우가 훨씬 위험하다. 집 안으로 들어오는 순간 밀폐된 아파트 구조상 성폭행 피해를 당할 수 있기 때문이다. 계단식 아파트는 두 집이 서로 마주보고 있으므로 범인이 엘리베이터에서 내려서 따라오기 어렵다. 그러나 복도식 아파트의 경우 범인이 자기 집으로 가는 척하면서 따라올 수 있다. 그런 경우 의심되는 상대를 앞세워서 먼저 보내는 기지가 필요하다. 일단 상대를 먼저 보내고 난 이후 관찰하면서 집으로 향한다. 급한 마음에 먼저 엘리베이터에서 내린 뒤 걸어가게 되면 남성이 따라와서 여성을 위협해 집 안으로 들어올 수 있다.

자연스럽게 먼저 보내는 방법은 휴대폰을 꺼내 지인에게 전화를 걸어보는 것이다. 또 엘리베이터에 오르자마자 층수를 누르지 않고 상대가 버튼을 누르는 것을 보고 누르는 것도 방법이다. 상대방보다 더 높은 층을 선택한 뒤 다시 내려오는 방법을 쓸 수도 있다.

지하철

인간은 접촉을 통해 교감을 형성한다. 신체적 접촉은 상대와의 동의하에서 교감을 통해 이루어지며 접촉 과정을 통해 서로의 사랑을 확인하고 신뢰를 유지한다.

접촉음욕증은 문명의 발달과 인구밀도가 높아짐에 따라 생겨난 현상으로 다른 성도착증보다 상대적으로 역사가 짧다. 남녀가 좁은 공간에서 살이 맞닿는 인위적 상황은 이전에는 일어나기 힘든 상황이었다. 접촉음욕증 환자는 대중교통 수단 발달에 따라 복잡한 전철이나 버스 내에서 여성의 엉덩이, 기타 신체 부위에 성기를 닿게 하거나 문지르는 행위, 손을 성기나 가슴에 가져다 대는 행위를 통해 성적 쾌감을 얻는다. 여성이 눈치 채지 못할 정도로 순간적으로 가볍게 시도하는 경우도 있고 적극적으로 여성에게 접근해 몸을 맞대는 경우도 있다.

이들은 성범죄자들같이 직접적인 성적 행위를 하는 것은 부담스럽다고 생각한다. 따라서 자신의 죄의식을 중화시키는 동시에 문제가 발생하면 합리화하거나 변명을 할 수 있을 정도의 심리적 방어기제를 미리 마련해 대비한다. 이러한 행위가 잘못이라는 사실을 알고 있지만 커다란 범죄라는 의식을 가지고 있기보다는 일종의 취향이라고 여긴다. 상대와 접촉을 하게 된 것은 자신이 피해자에게 다가갔기 때문이 아니라 피해자가 자신에게 다가왔기 때문이라고 스스로에게 암시하면서 죄의식을 감소시킨다. 만일 피해자가 항의하거나 문제를 삼으면 사람들이 많아 떠밀려서 몸이 닿게 됐다는 변명거리를 사전에 마련해놓는다. 그래서 그런 행위를 하는 사람들 중에는 대학생 등 젊은 사람들뿐 아니라 의사, 교사, 법관 등 교육 수준이 높거나 일정한 사회적 지위가 있는 사람들이 적지 않다.

이러한 범죄에 대해 피해자는 전혀 예상치 못한 상황에서 피해를 당해 당황하여 소극적으로 대응하게 된다. 보복이 두렵기도 하고 창피하기도 해서 그대로 당하고 있는 경우도 있다. 특히 20~30대 초반의 여성이 소극적으로 대응한다. 가해자는 피해자가 가만히 있거나 소극적으로 대응할 경우에는 끈질기게 따라다니면서 피해를 입힌다. 그러나 피해자가 적극적으로 대응하면 주변 사람들의 눈을 의식해 자리를 뜨거나 다음 정거장에서 내리는 경우가 많다. 그러므로 심적 부담이나 창피함이 있다 하더라도 커다란 목소리로 소리치거나 주변 사람들에게 알리는 것이 현명하다.

한편 이런 대응을 하면 대부분의 가해 남성은 얼굴을 붉히거나 자리를 바로 뜨지만 경험이 많은 자일 때는 오히려 피해자에 대해 위협하거나 모욕을 주어 상황을 모면하려는 경우도 있다. 그러나 당황하지 말고 이에 대처하여야 한다.

더 알아보기

● 접촉음욕증이란 무엇인가?

일방적인 성적 욕구를 해소하기 위하여 상대의 동의 없이 신체에 접촉하거나 문지르는 행위다. 그러므로 일방적으로 당하는 피해자는 심각한 불쾌감, 정신적 피해를 입는다. 접촉음욕증은 마찰음욕증, 접촉도착증, 마찰도착증 등 여러 용어로 사용되며 그러한 행위를 하는 자를, 여자를 희롱하는 사내라는 의미로 '치한'이라고도 한다. 15~20세 정도의 청소년기에 발병하는 것으로 관찰되며 상습성이 있다. 최근에는 인터넷상 음란물의 범람이 청소년들의 환상을 더욱 부추긴다. 접촉음욕증을 소재로 한 영상이나 게임 등을 해본 경험이 있는 청소년들이 환상을 행동으로 옮길 가능성이 커지고 있다.

이러한 행위를 하는 사람들은 정서적으로 불안하며, 이러한 행위를 통해 불안한 감정을 완화하거나 해소시키려는 심리를 갖고 있다. 유아기 때 어머니의 신체에 접촉했던 것과 같은 느낌을 받으려는 심리, 또는 자신의 성기가 온전하다는 심리적 안정감을 확인하려는 심리이다. 접촉 행위를 통해 평소 여성에 대해 가지고 있던 환상과 공상을 충족시키거나 피해자와 성관계를 하고 있다고 느끼면서 사정을 하는 경우도 있다. 이러한 행위는 일단 시작하면 상습적이 된다. 만일 피해자들이 적극적으로 대처하지 않으면 안정감을 느끼기도 한다.

여성의 경우는 상대적으로 많지 않지만, 직장 내에서 직책을 이용하여 여성 상사가 남성 부하직원에게 접촉을 시도하는 경우도 있다. 여성 상사가 남성 직원의 허벅지나 등과 같은 곳을 치거나 자신의 가슴을 일부러 팔에 문지르는 등의 행위를 한다. 그러나 일반적으로 거의 대부분의 접촉음욕증은 대중교통수단에서 남성들에 의해 발생한다.

◇◇◇

택시

여성이 술에 취해 귀가하기 위해 택시를 탔는데 곯아 떨어졌다는 것은 밀폐된 공간 내의 낯선 남성에게 자신의 운명을 맡기는 것과 다름없다. 그때부터 자신의 운명을 조종하는 것은 택시기사다.

실제로 경북 경산에서 택시에 탄 여성승객이 술에 취해 잠들자

택시기사가 한 원룸 주차장에 차를 세워놓고 성폭행한 사건이 있었다. 피해자학적 측면에서 본다면 피해자의 유책성이 관찰된다. 만약 자주 술에 취해 택시를 이용하는 여성이라면 현실적으로 이런 상황을 맞닥뜨릴 가능성이 크다. 택시기사가 보통 사람이라면 당연히 아무런 문제가 없을 것이다. 그러나 만일 범죄 경력이 있으면 순간적으로 나쁜 마음을 먹는 경우도 있다. 성폭행으로 끝나는 경우도 있지만 피해자가 반항하는 것을 제압하려다 살인으로까지 이어질 수도 있다. 승객을 성폭행하거나 살해한 범인들은, 승객이 목적지에 도착했는데도 깨어나지 않아 차를 돌려 범행했다고 변명한다. 자신의 범행에 대한 일부 책임을 피해자에게 돌리는 것이다.

만일 일행이 있었다면 동료를 차를 태운 뒤 차량번호를 적어놓는 모습을 택시기사에게 보이거나 직접 목적지를 말하며 부탁하는 등 택시기사에게 심적 부담을 주는 것이 좋다. 지켜보는 일행이 없을 경우 택시에 탄 뒤 누군가에게 전화를 걸어 택시 번호를 불러주는 방법도 있다. 그렇게 되면 설사 택시기사가 나쁜 마음을 먹었다 하더라도 절대 범행을 하지 않는다. 신원이 노출된 상태에서 범행을 하려 들지는 않을 것이기 때문이다. 그래서 택시에 타면 가족에게 전화를 걸어 택시 번호를 불러주고 가족들은 이를 녹음해놓는 시스템을 습관적으로 구축할 필요가 있다. 작은 행동이 엄청난 불행을 방지할 수 있다.

여객 자동차 운수법상 살인, 강간 등 강력 범죄자는 택시 운전 결격사유에 해당되나 여성 감금, 폭행 등은 결격사유에 해당되지 않는다. 현실적으로 2017년 교통안전공단에서 택시기사 28만 명에 대한 전과 조회 의뢰 결과 성범죄자가 68명, 그중에서도 아동 청소년 대상 성범죄 전과가 있는 사람이 14명이나 있었다. 살인, 강도, 마약 등 중범죄자도 105명이나 되었다. 법이 제대로 시행되지 않고 있다는 이야기이다. 그러므로 운이 나쁠 때 피해자가 될 수 있는 가능성은 늘 있다. 택시기사가 이전에 범행을 하지 않았다 하더라도 술에 취해 택시를 타고 몸을 가누지 못하는 여성을 성폭행 대상으로 삼을 가능성은 늘 있다.

예방을 위해서는 승하차 정보를 자동으로 전송해주는 모바일 어플을 활용하는 것이 좋다. 지역에 따라서는 모바일 어플을 활용한 안심택시귀가 서비스제도도 있다. 위기상황 발생 시 승객이 어플을 누르면 CCTV 통합관제센터 모니터로 상황이 전달되어 경찰이 출동하는 등의 신속한 대응이 이어진다. 그러나 중요한 것은 아예 만취상태가 되면 모든 대응책이 무의미하다는 사실을 기억하는 것이다.

더 알아보기 ◇◇◇◇◇◇◇◇◇◇◇◇◇◇◇◇◇◇◇◇◇◇◇◇◇◇◇◇◇◇◇◇

- **택시를 안전하게 이용하는 방법**

  카드 선승인 제도: 택시 출발 후 택시 운전기사와 조수석 사이에 설치된 패드형 카드단말기에 신용카드를 대면 승차시간과 차량정보가 해

당 카드사에 저장된다.

스마트폰 앱 택시: 호출 전 미리 보호자 연락처를 저장하면, 택시 탑승이 확인된 뒤 안심문자가 발송된다.

● 인사불성이 되면 모든 대응책이 무의미하다는 사실을 꼭 명심하자.

◇◇

흥분된 분위기를
노리다

Q 스탠딩콘서트에 갔을 때의 일입니다. 관람객이 워낙 많이 몰려
있는 상황이었지만 그중에서도 심상치 않게 불쾌한 신체 접촉이 느껴
졌습니다. 워낙 혼잡한 상황이라 대처할 수는 없었습니다. 이렇게 일
부러 혼잡한 상황을 틈타 범죄를 저지르려는 사람들에게서 자유로울
수 있는 방법이 없을까요?

사람들이 많이 모이는 집회 현장에서 어린아이의 얼굴을 예쁘
다며 쓰다듬거나 여성의 가슴과 엉덩이를 만지는 등 각종 성추행
이 발생하고 있다. 피해자들은 붐비는 와중에 당하는 성추행이라
제지할 수도 없었고 가해자를 특정할 수도 없었다고 한다. 실제로
SNS에는 여러 경험담이 흘러나왔다. "광화문에 성추행범이 한둘이
아니었다. 외투 안으로 손이 들어왔다." "누군가가 고등학생인 동
생의 엉덩이를 계속 만졌다고 한다. 화가 나서 견딜 수가 없다. 내

권리를 찾으러 나온 시위에서도 성적으로 유린당해야 하나." "시위 오신 분들은 조심하세요. 헌팅이 목적인 것 같은 사람 여럿 봤어요. '안녕하세요. 혼자 오셨어요? 이따 많이 추우시면 야식 먹으러 갈 래요? 몇 살이에요? 젊은 여성분이 대단하시네요. 어디 사세요?'라 는 식으로 멘트도 다 똑같았어요."

이를 증명이나 하듯 인터넷 커뮤니티에 "오늘 광화문에 혼자 시 위하러 간다. 가서 여고생들 구경하면서 스트레스 풀어야지. 고딩 들한테 접근해야겠다" 등등 성범죄를 예고하는 듯한 게시물과 "오 늘 슴만튀(여성의 가슴을 만지고 도망가는 성추행 행위를 일컫는 은어) 다 섯 번 했다" 등의 성추행 경험을 쓴 게시물이 올라왔다. 당시 집회 현장에서는 실제로 성추행범이 체포되기도 했다.

사람들이 많이 모여 흥분과 열기 가득한 곳에서 성적 욕구를 채 우려는 사람들이 있다. 이런 종류의 범행이 발생하기 시작한 것은 지난 2002년 월드컵의 열기가 고조에 올랐을 때였다. 최근 다양한 욕구를 표출하기 위한 집회 현장에 많은 사람들이 모여 자신들이 주장을 펼친다. 집회나 시위 현장의 분위기는 당연히 흥분되어 있 어 차분할 수가 없다. 전혀 모르는 사람이라 하더라도 같은 생각을 가지고 있다는 군중심리에 의해 상호 동조적이 될 수 있다. 축구 응 원을 위해서 모인 사람들은 축구의 승리를 기원하는 마음에서 나 온 것이고, 집회에 참여한 사람들 역시 같은 정치적 목적을 위해 나 온 것이다. 이렇게 같이 환호하고 어깨동무하면서 춤을 추는 흥분된 분위기 속에서 성범죄자들은 자신만의 은밀한 욕구를 위해 시간을 할애해 먹잇감을 찾아다닌다.

접근하는 방식은 크게 두 가지로 나뉜다. 먼저 처음 보는 사람에 대해서도 거부감을 느끼지 않는 분위기를 이용하여 말을 거는 것이다. 상대가 말을 받아주면 친근하게 이야기하다가 차라도 한 잔 마시자는 유혹을 던진다.

또 하나는 여러 사람들이 모이는 곳에 작정하고 나와 대놓고 여성의 몸을 만지는 성추행을 하는 부류다. 그들은 어린 여성이나 학생들을 대상으로 성추행을 하면 상대적으로 노출될 위험이 덜하다고 생각한다. 피해자가 당황하여 제대로 문제제기를 할 수도 없고, 항의하더라도 주변 사람들의 함성에 묻히게 된다. 만일 문제가 생기면 인파 속으로 사라질 수 있다는 이점이 있다. 이런 경험이 쌓이게 되면 남에게 자랑하고 싶어져 인터넷에 자신의 경험을 올린다. '좋아요'가 많거나 댓글이 많이 달리면 존재감을 느낀다.

모르는 사람이 말을 걸어오면 상대의 모습을 잘 살펴야 한다. 모임의 성격과 다르게 말을 걸어오는 사람은 다른 데 목적이 있는 것이다. 이상하다고 느끼면 경계해야 한다. 문제가 있다고 생각하면서도 별다른 경계를 하지 않으면 피해를 당할 확률이 높다. 왜냐하면 피해자가 경계를 하지 않는다면 먹이를 고르고 있는 상대의 쉬운 먹잇감이 될 수밖에 없기 때문이다.

SNS를 통한
만남과 그 후

Q 요즘에는 많은 사람들이 SNS를 합니다. SNS에는, 새로운 친구를 사귀는 등 순기능이 많지만 역기능도 많은 것 같습니다. 그중 대표적인 것이 SNS를 통해 성범죄에 노출되는 일일 텐데요. 이를 예방하려면 어떻게 해야 할까요?

SNS를 사용하면 모르는 사람과도 쉽게 연결될 수 있다. 범죄자들은 바로 이 점을 이용하여 피해자에게 접근한다.

A는 SNS 메신저를 통해 만나게 된 스무 살 여성 B와 성관계를 맺었다. 그 후에 A는 제3의 SNS 계정을 이용해 가족들에게 성관계 사실을 알리겠다며 B에게 금품을 요구했다. 뿐만 아니라 수원시에 있는 대학교 인근 편의점으로 B를 불러 비상계단으로 데려가 성폭행했다.

A는 이전에도 동일한 방법으로 열다섯 살 C양에게 특정 신체 부위 사진을 받은 뒤 다른 사람 행세를 하며 "나와 성관계를 맺지 않는다면 이 사진을 다 뿌리겠다"고 협박했다. 그리고 문제를 해결해주겠다면서 모텔로 유인해 성폭행했다.

SNS를 통해 만난 사람과 성관계를 맺는 것은 남녀 모두에게 참으로 위험천만한 일, 특히 여성에게는 더욱 그러한 일이다. 왜 남성보다 여성에게 더 위험하냐는 질문은 공허한 관념론적인 화두일 뿐이다. 실제로 대부분의 현실이 그렇기 때문이다.

처음에는 이러한 행위가 어떤 결과를 낳을지 생각하지 못했을 것이다. 그런데 상대가 누구이며 어떤 생각을 가지고 접근하는지 확실히 알고 있는가? 만약 그가 잘못된 생각을 가진 사람이라면, 앞의 사례처럼 가족에게 알리겠다고 협박을 할 수도 있고, 성폭행을 당할 수도 있다. 또한 피해 사실이 알려지는 것을 두려워하는 피해자의 약점을 잡아 지속적으로 피해자를 괴롭힐 수도 있는 일이다.

그렇기 때문에 SNS를 통해 누군가를 만날 때는 각별히 주의해야 한다. 지뢰지대라는 표지판을 봤음에도 그곳으로 걸어갔다면, 지뢰를 밟은 것은 걸어 들어간 자신의 잘못이 되는 것이다.

휴가지에서의
즉석만남

Q 친구들과 즐기러 간 휴가지에서 처음 만나는 사람과도 이야기가
통하면 술자리를 할 수 있다고 생각합니다. 그런데 남성들은 왜 휴가
지에 여자들끼리 오면 하룻밤 상대를 찾으러 왔다고 생각하는 모르겠
습니다. 주의해야 할 점이 있다면 조언 부탁드립니다.

휴가지에서 만난 사랑도 많지만 휴가지에서 발생하는 사고 역시
적지 않다.

A는 여름 해변에 친구들과 여행을 떠났다. 여성들끼리 간 여행
이어서 즉석만남의 요청이 많아 시달리던 중 마음에 드는 상대
가 오면 합석을 하기로 했다. B 일행과 합석하여 게임도 하고
술도 마셨는데, 남성들이 의도적으로 A 일행에게 주량 이상의
술을 권하여 만취한 상태가 되었다. A는 급히 자리를 피했지만

B가 집요하게 따라왔다. A가 거부의사를 밝히자 B는 "너희 다 알고 그런 거 아니냐. 여기서 만남은 관계를 의미하는데 다 놀아놓고 지금 싫다고 하면 나는 누구와 자냐. 책임져라"라며 폭언과 폭행을 가했다. 겨우 벗어난 A는 일행들에게 연락을 했으나 연락두절이었고, 연락이 되었을 때 A의 일행은 이미 남성들에게 강간을 당한 후였다.

남성이 여성에게 술을 강요하는 이면에는 여성이 남성보다 술에 취약한 면을 이용하려는 마음이 기본적으로 도사리고 있다. 남성들은 제의에 쉽게 응하는 여성을 보며 여성이 앞으로의 진행과정에 어느 정도 동의한 것으로 해석한다. 드러내놓고 응하는 것이 부끄러워 은근하게 술의 힘을 빌리는 것으로 오해할 수 있는 것이다. 만취할 정도로 술을 마시는 여성을 바라보는 남성은 자기 의도대로 상황이 진행되고 있다고 생각한다.

그러므로 처음 만나는 남성들과 취할 정도로 술을 마시는 것은 의도하지 않게 잘못된 신호를 줄 수 있다. 피해자의 책임과도 일부 연결되는 부분이다. 또한 주의해야 할 것은 습관적으로 주변의 사람들에게 가벼운 접촉을 하는 행위(유쾌할 때 감정의 표현 등) 또한 남성에게 잘못된 신호를 줄 수 있다는 것이다.

여성은 남성들이 그저 휴가를 보내기 위해 피서지에 놀러 온 것이라고 생각할 수 있다. 그러나 목적을 가진 남성들은 하룻밤 상대로 생각하고 여성에게 접근할 수 있다. 동일한 상황에서도 남성과 여성 사이에 서로 다른 오해가 생길 수 있는 것이다. 그래서 술을 마시고 일행들이 각각 짝을 이루어 헤어졌을 때 여성이 관계를 거부하면 책임을 전가하면서 성폭행을 저지르는 경우가 생긴다. 휴가지에서 접근하는 남성이 모두 그런 것은 아니지만 술자리를 같이 하더라도 술을 많이 권하는 남성에 대해서는 의심을 품고 경계해야 한다. 그래야 범죄를 예방할 수 있다.

차 빼달라는
전화

Q 주차난이 심한 주택가에 살고 있는데 새벽에 차를 빼달라는 전화가 오면 혹시 모를 범죄 위험 때문에 조금 무섭습니다. 집에 남자가 있어서 도움을 요청할 상황도 아니고요. 이럴 때 안전하게 대처할 수 있는 방법은 없나요?

차량에 휴대폰 번호가 적힌 안내판을 부착하는 이유는 주차 문제 등 긴급 상황이 발생했을 때 차를 빼달라는 요구에 응하기 위해서다. 그런데 여성 입장에서는 새벽에 차량을 이동해달라는 전화를 받고 밖으로 나가는 일이 매우 위험할 수 있다. 이런 경우 요구를 들어주지 않을 수도 없고, 그렇다고 혼자서 사람들의 통행이 뜸한 곳에 나가는 것도 부담스럽다.

차량에 부착된 휴대폰 전화번호를 이용하여 차주가 여성인지 파악한 뒤, 공사, 주차시비, 사고 등을 핑계로 차량을 이동시켜달라고 유인하여 금품을 빼앗고 성폭행 한 사건도 있었다.

　전화를 받고 밖으로 나갈 때는 아무 생각 없이 나가지 말고 만일의 상황을 미리 생각해보고 나가는 것이 좋다. 최근 지역에 따라서는 경찰에서 여성안심 존Zone을 운영하고 있는 곳도 있다. 여성안심 존은 위급상황 발생 시 스마트폰 전원 버튼을 연속으로 4회 누르면 위급상황을 알리는 문자와 현재 위치가 자동으로 전송되어 신속하게 경찰이 출동하는 서비스다. 거주하는 지역에서 이러한 서비스를 운용하고 있는지 알아보고 해당 어플을 설치하여 사용해보는 것이 좋겠다. 호신용 경보기를 휴대하는 것도 좋다. 밖에 나가서는 휴대전화로 누군가와 통화를 하는 모습을 보여주는 것도 도움이 된다.

더 알아보기

● 여성안심 존이란?

지방자치단체에서 여성이 안심하고 다닐 수 있는 환경을 조성하기 위해 우범지역을 대상으로 지정해놓은 곳이다. 미리 지정해놓은 보호자나 경찰서(112)에 해당위치 및 긴급 상황 문자가 전송돼 비상출동이 가능하게 만든 시스템이다. 최근 4번 이상 흔드는 방식에서 긴급신고 버튼을 한 번 누르는 것으로 신고가 될 수 있도록 개선하고 있다. 또한 가짜 전화Fake call 기능을 추가해 불안요소가 있을 시 가짜 전화벨이 울리도록 해 주변을 환기시키는 기능으로 범죄 예방 효과를 높이고 있다.

대낮의
버스 납치

Q 얼마 전 여학생이 대중교통을 통해 납치된 사건을 접했습니다. 얼마나 무서웠으면 소리도 못 질렀을까 안타까운 마음이 듭니다. 누군가가 저희 아이를 흉기로 위협하며 따라오라고 하면 어떻게 행동하라고 이야기해줘야 할까요? 범죄자들을 적절하게 퇴치할 수 있는 최선책은 없는지 궁금합니다.

범인은 전자발찌 대상은 아니었으나 7년 전에도 미성년자 대상 성범죄 전과가 있는 자였다. 그는 대낮에 귀가하는 10대 여학생을 서울의 한 주택가에서 흉기로 위협해 성폭행한 뒤 버스에 태워 경기도 남양주까지 함께 이동했다. 범행 당시 사전에 칼, 망치 등 흉기와, 갈아입을 옷을 2벌 정도 준비해 가지고 있었다. 경찰에 검거된 직후 범인은, 체포되지 않았더라면 더 큰 사고를 쳤을 거라는 진술도 했다. 적어도 자신이 잘 알고 있는 지역의 야산으로 여학생을 데리고 가 추가적으로 성폭행을 하고 살인 및 사체 유기 등 더 끔찍한 범죄를 저질렀을 가능성이 매우 크다.

범인은 경찰 조사에서 성폭행 이유를 성욕을 주체하지 못했기 때문이라고 했다. 이후 버스에 태워 납치한 이유는, 성욕을 주체하지 못하는 자신의 사정을 피해 여학생에게 설명하고 사과하기 위해 흉기로 위협하여 자신의 집으로 데려가기 위해서였다는 엉뚱한 말을 했다. 그러나 버스에서 내린 곳이 범인의 집을 지나친 곳이어서 거짓말이라는 게 확실해졌다. 이런 진술을 한 이유는, 성폭행의 주체는 원래의 자기가 아니라 성욕을 주체하지 못하는 또 다른 자기라고 간주하여 일단 자신의 책임을 중화시키기 위해서이다. 성폭행을 한 이후에도 흉기로 위협해 다른 곳으로 간 것은 추가적으로 성폭행을 하거나 살인까지도 계획하고 있었음을 짐작케 한다.

흉기를 갖다 대고 위협하면 겁에 질려 주변 사람들에게 미처 도움을 청할 겨를도 없이 피해를 당할 수밖에 없는 상황이 벌어진다. 일단 일이 벌어지고 나면 저항하기가 쉽지 않은 것이다.

그러므로 이러한 일이 나에게도 있을 수 있다는 전제하에 방어적인 태도를 갖는 것이 중요하다. 이어폰을 끼고 휴대폰을 들여다보며 걸어 다니는 것은 매우 위험하다. 주위에 대한 관심과 관찰을 통해 스스로 수상한 사람의 접근을 경계해야 한다. 범인들은 언제나 피해자의 느슨한 대응태도를 파고들어 온다. 따라서 가정이나 학교에서도 주기적이고 적극적으로 예방교육을 해주는 것이 좋다.

● **호신용품의 종류**

1. 호신용 경보기: 버튼형과 핀형으로, 버튼을 누르거나 경보기 핀을 뽑으면 소음이 발생한다. 경보기는 130데시벨 이상 소리가 나는 제품이 효과적이다.

2. 호신용 스프레이: 화장품 모양으로 소지가 편해 여성들이 선호한다. 정확히 얼굴에 분사하지 못했을 경우 상대를 자극하는 역효과를 일으킬 수 있다. 급박한 상황에서 앞뒤 구분을 못해 자신을 향해 분사하거나, 바람을 마주보고 사용하는 경우가 발생한다.

3. 전자 호루라기: 버튼을 눌러 사용하는 호루라기로 이 또한 데시벨이 중요하다.

4. 기타: 삼단봉, 가스통, 전기충격기 등이 있다.

● **주의할 점**

가스분사기 등 공격이 가능한 물건은 피하는 편이 낫다. 상대는 충동적이지만, 공격을 할 마음의 준비가 된 상태이며, 물리적인 힘의 차이는 분명히 존재한다. 갑자기 공격을 당하는 피해자 입장에서는 어설프게 물품을 꺼내 들었다가 오히려 빼앗겨 더 큰 피해를 입을 수 있다. 호신 용품은 '경보기' 정도가 적당하다. 큰소리로 경보가 울리면 상대는 당황하게 되고, 동시에 주변에 도움을 요청할 수 있다. 위험할 때 바로 이용할 수 있도록 소지하는 것이 중요하다.

◇◇

단톡방에서의
성적 뒷담화

Q 대학에서 남학생들이 단체 카톡 방에서 여학생들의 실명을 거론하고 사진을 주고받으며 성적대상화를 하는 등 성희롱을 한 사건이 있었습니다. 여학생의 이름을 언급하며 "강간하고 싶다", "가슴이 작다"고 하고, 여학생의 성기를 묘사하는 것도 모자라, 여학생 불법촬영 사진을 올리기도 했습니다. 그런데 도대체 자신의 수준을 떨어뜨리는 이런 행동을 다른 사람과 함께하는 이유가 뭘까요?

인간의 행위에는 동기가 있다. 인간은 관심이 없는 대상에 대해서는 아무런 반응을 보이지 않는다. 이성을 주제로 하는 이야기가 화두가 되는 것은 결국 이성에 대한 호기심이 있기 때문이다. 여성들보다는 남성들이 더 심하고, 특히 사춘기나 20대 남성들이 더욱 심하다. SNS 등이 등장하기 전까지 남성들끼리 모여서 하는 이야기들은 어떤 내용이든 허공으로 흩어졌다. 그런데 지금은 상황이

달라졌다. 단톡방이나 타임라인 등에 모든 내용이 활자로 남게 되었다.

여성에 대한 호기심은 험담, 성적 농담을 거쳐 특정 여성의 신체적 특징을 과장해 성희롱하는 단계까지 발전했다. 특정인에 대해 경쟁적으로 험담이나 성희롱을 늘어놓는 것은, 사람들과 대화를 하는 중에 만일 의견을 제시하지 못하면 소속감이 떨어질 수 있다는 불안감(소속 욕구)이 강하게 작용한 것으로도 볼 수 있다. 그렇게 하면 강한 남자 또는 센 남자로 보일 수 있다는 마초 심리가 은연 중에 발현되고 있는 것이다.

남자들은 이런 내용이 자기들만의 단톡방에서 이루어지고 있다는 안도감에 그런 행위를 더욱 증폭시킨다. 만일 누군가가 그런 행위에 대한 잘못을 지적하면 그 사람에게 핀잔을 주거나 사내답지 못하다고 자기들끼리 낙인을 찍기도 한다. 그렇기 때문에 그중 몇몇은 낙인이 두렵거나 귀찮아 아예 방관하게 된다. 소위 또래 집단 간의 비정형적 집단의식이 가동되는 것이다.

피해자의 입장에서 자신이 그러한 대상이 되었다는 사실을 알게 되면 무척 당황스럽고 화가 날 것이다. 그러나 현실은 현실이다. 본의 아니게 자신도 모르는 사이에 남성들의 십자포화 대상이 되었다면 과연 그 남성들이 정상적인지 냉정하게 생각해보아야 한다. 앞에서 설명한 대로, 그 남성들은 군중심리에 의해 서로의 눈치를 보면서 잘난 척을 일삼는 소인배에 지나지 않는다. 그들의 행동이 만인 앞에 노출되었을 때 부끄러운 것은 피해 여성이 아니라 그들이다. 그리고 그들이 한 생각과 말은 고맙게도 모두 기록되어 있다.

몇 년 전만 하더라도 이런 것을 문제 삼는 여성들, 즉 피해자를 비난하는 분위기가 있었다. 하지만 이제는 그렇지 않으며 앞으로는 더욱 아닐 것이다. 이런 행동을 하는 남성은 사회적으로 비난받을 것이며 만일 그가 공직이나 번듯한 직장에 있다면 앞길이 꼬일 가능성이 크다. 다시 한 번 말하지만, 수치스러워하거나 곤혹스러워야 할 대상은 그들이다.

이런 사실을 알았다면 머뭇거리지 말고 당당하게 문제를 제기하라. 단 혼자서 문제제기를 해서는 안 된다. 가까운 지인이나 멘토에게 먼저 상의하고, 만일 상의할 사람이 없다면 성희롱 단체 등을 찾아가서 상담하는 것이 좋다.

이렇게 주변에 도움을 구하는 것도 중요하지만 가장 중요한 것은 이 문제를 보는 자신의 시각, 사고방식, 그리고 떳떳함이다.

스타킹에
잉크를 뿌리는 남자

Q 스타킹을 신은 여자 다리에 검은 액체를 뿌리고 도망간다는 일
명 '강남역 스타킹 테러남'에 대해 이야기를 들었습니다. 그런 사건에
대해 들으면 기분은 나쁘지만 나와 별로 상관없다는 생각이 들기도
하는데요. 이런 정신 나간 행동도 성범죄와 어떤 연관이 있나요?

'강남역 스타킹 테러남'이라고 불린 가해자는 불법촬영이나 페티
시 등 성도착 증세가 복합적으로 결합되어 있다. 시각적 자극의 불
법촬영과, 촉각과 냄새를 추구하는 물품음란증인 페티시가 결합한
형태로, 범행이 진화하는 경우다. 강남역에서 발생한 성도착적 행
위는 가해자가 새로운 성적 자극을 찾던 중 인터넷 스타킹 페티시
사이트에 접속한 것이 계기가 되었다.

가해자는 좀 더 효과적으로 작업을 수행하기 위해 여성들의 스타
킹에 잉크를 뿌릴 도구를 직접 제작해 거리에 나섰다. 대상은 평소

자신의 환상 속 주인공이던 항공승무원과 비슷한 외모를 지닌 승무원 지망생들이었다. 항공전문학원을 나서는 지망생들의 복장이 항공승무원과 유사해 가해자의 환상을 부채질하는 데 한몫했다. 특히 검은색 스타킹이 아닌 살구색 스타킹은 조금만 잉크가 묻어도 크게 눈에 띈다는 점에서 효과적이었다.

가해자는 잉크를 뿌리는 행위를 상징적으로 상대를 더럽히는 행위, 즉 사정 행위와 연계시켰을 가능성이 크다. 상대가 놀라는 모습을 보고 쾌감을 느꼈을 것이며, 자신의 행위로 인해 여성이 새 스타킹을 구입해 여자화장실에서 갈아 신게 되었다는 점에서 자신의 존재감을 느꼈을 것이다. 이 남자에게는 아무도 신지 않은 새 스타킹보다 목표 여성이 직접 신고 있던 스타킹이 훨씬 가치가 크다. 여성이 얼마 전까지 신고 있어 체취가 그대로 묻어 있는 스타킹을 수거하는 것은 일종의 전리품을 획득하는 것과 같다. 이는 평소에 해오던 성적 공상과 환상을 충족시켜주는 좋은 작업이다.

가해자는 이러한 행위가 직접적으로 피해자를 위협하는 행위와는 다르다는 생각을 하며 죄책감을 중화시킬 수 있다. 행위에 비해 처벌도 강하지 않다. 이런 이유 때문에 가해자는 점차적으로 자신의 행위를 강화시켰을 가능성이 크다. 이런 행위는 쉽게 고쳐지지 않는다. 인터넷 사이트를 통해 자신만 그런 행위를 하는 게 아님을 알고 동질감을 느껴 행위를 더욱 강화한다. 또 그 집단 내에서 우쭐거리기 위해 자신의 경험이나 수법을 자랑하기도 한다.

데이트마약에
대하여

Q 극악무도한 마약사범만 사용하는 줄 알았던 향정신성의약품을
비교적 평범한 사람들도 사용해본 적이 있다는 사실이 놀랍습니다.
뉴스에도 약을 이용한 성범죄 보도가 종종 나오는 것을 보았는데요.
데이트마약의 종류와 특성이 궁금합니다. 또 마약에 취해 있는 사람
의 특정 상태는 어떠한지도 알려주세요.

최근 강남의 한 클럽에서 수면제 또는 동물발정제가 들어 있는
술을 마시고 정신을 잃은 사이에 성범죄를 당한 사건에 이어, 일명
물뽕이라 불리는 GHB를 몰래 탄 술을 마시고 정신을 잃어 성폭행
을 당한 사건이 발생했다.

물뽕은 혼수 정신착란 등의 환각 증세와 강한 흥분작용을 일으
켜, 성폭력범들이 '데이트 시 강간할 때 쓰는 약'이라는 의미로 불
리기도 하는 것으로, 무색, 무미, 무취라는 특성이 있다.

앞의 사건 외에도 나이트클럽에서 만난 젊은 여성 4명에게 졸피 덴을 먹이고 집단으로 성폭행한 사건 등 향정신성의약품을 이용한 범죄가 늘고 있는 추세다. 졸피덴을 섞은 술을 마신 피해자는 다리에 힘이 풀리고 정신이 몽롱해졌다고 증언했으며 그날의 상당 부분을 기억하지 못했다.

마약에 취하면 기억을 하지 못하기 때문에 마약에 취한 사람이 어떤 모습을 보이는지 아는 것은 무의미하다. 이와 관련하여 가장 확실한 예방법은 잘 모르는 상대방이 건네는 음식을 먹지 않는 것이다.

더 알아보기 ◇◇◇◇◇◇◇◇◇◇◇◇◇◇◇◇◇◇◇◇◇◇◇◇◇◇◇◇◇◇◇◇◇

● 데이트마약

'마약'이라고 하면, 일반인들이 구하기 힘들다는 인식이 있지만 꼭 그렇지만은 않다. 고가의 마약은 범죄단체와 연관이 있지만 어떤 마약은 인터넷으로도 판매가 되고 있다.

현실적으로 불법적인 마약의 구매는 확실한 수요자에 의해 이루어진다. 또 클럽 등에서 거래되는 마약류는 질이 조잡한 반면 고가로 거래된다. 이런 이유 때문에 신체 불법촬영이나 성폭행 등 범죄를 목적으로 여자에게 먹이려는 데에는, 구하기도 쉽고 사용하기도 쉬운 수면제가 훨씬 더 많이 사용된다.

이런 종류의 범죄가 일어나는 장소도 유행에 따라 변한다. 직원들이 항상 주시하고 있는 홍대나 이태원 클럽보다는 부킹 호프 같은 번화가

의 주점에서 이런 범행이 많이 일어난다. 클럽이나 주점에 가는 모든 사람들이 범행의 목적을 지닌 것은 아니지만, 몇몇 나쁜 목적을 가지고 오는 사람들이 아주 없다고 할 수는 없다. 이런 사람들을 피하는 방법은 확실한 거부 표시를 하는 것이다.

"싫다"고 분명하게 이야기하는 것이 중요하다. 호기심을 느끼지 않는 사람에게 그들은 마수를 뻗치지 않기 때문이다. 거절하는 것을 어려워하지 말아야 한다.

◇◇

성범죄자가 된
남자아이

Q 성인 범죄를 모방한 청소년 범죄가 늘어나고 있는 요즘, 자녀에게 어떻게 교육을 시켜야 할지 모르겠습니다. 남자아이들의 경우 잘못된 인식을 갖지 않기 위해 부모가 좋은 역할을 해주어야 할 텐데요. 그러다 선입견이 생기는 등 좋지 못한 영향을 끼칠까 봐 걱정이 됩니다.

요즘은 아이들이 더 무섭다는 말들을 한다. 범죄 뉴스에서 나이를 가리고 보면 청소년 범죄인지 성인 범죄인지 모를 만한 것들이 점점 많아지고 있다. 실제로 다음과 같은 청소년 범죄가 있었다.

열아홉 살 쌍둥이 A, B군 형제와 친구 C군이 같은 동네에 사는 D양을 불러냈다. D양은 평소 그들을 친한 동네 오빠들이라고 생각했다. 이들 네 명은 밤 열한 시경부터 전기료가 밀려 전기가 끊긴 3평 남짓한 지하방에 촛불을 켠 채 소주 2병과 맥주 1

리터를 나눠 마셨다.

D양이 술에 취하자 남학생 셋은 D양을 집단 성폭행했다. 그런 다음 집을 나가 친구들을 만난 이들은 "D양이 아직 의식이 없으니 (성폭행)할 사람은 가서 하라"며 또 다른 친구 네 명과 당시 열세 살이던 E군을 불러들였다. 이들은 순번을 정해 정신을 잃은 D양을 성폭행했다.

이들 여덟 명은 오전 세 시쯤 실신한 D양을 지하방에 놔두고 촛불을 켜둔 채 집을 나갔다. 그런데 오전 여섯 시쯤 촛불에 의해 불이 났고 D양은 사망했다. 처음에 경찰은 단순 화재 사건으로 접근했으나 "남학생이 사는 집"이라는 동네 주민의 말에 수사하여 범행이 드러나게 되었다.

청소년층 남학생들이 여학생을 집단 성폭행하는 사건은 심심찮게 발생한다. 이런 종류의 범죄는 통상적인 패턴을 가지고 있다. 피해자와 가해자는 이미 서로 알고 지내는 사이인 경우가 대부분이다. 가해자들은 성적 행위를 하려는 의도를 갖고 피해자를 불러내 술을 먹여 정신을 잃게 한 뒤 성폭행한다. 단독 범행은 심적 부담감이 있으므로 공범의식을 가지고 여러 명이 집단 성폭행을 하면서 심리적 안정을 추구한다.

피해자학적 관점에서 여학생이 남학생 여러 명과 어울리면서 술이나 담배 등의 일탈 행위를 할 때, 피해 확률이 높아진다는 사실을 인식해야 한다. 그리고 자녀교육의 관점에서 남자아이를 둔 부모는 평상시에 아이에게 올바른 교육을 해야 한다.

이런 행동을 하는 남자아이들은 어떤 심리적 과정을 거친 것일까? 남자아이들은 직접적인 성행위를 통해, 또는 경험이 없더라도 음란물을 접하면서 갖게 되는 상상과 환상에 영향을 받는다. 그래서 아들을 둔 부모의 교육이 중요하다.

음란물에 과도하게 노출되어 왜곡된 성적 개념을 가진 청소년들은 불법적 성폭행 등을 흔히 일어날 수 있는 일이라 상상하고, 그러한 행위를 정당화한다. 또 음란물에 등장하는 내용을 탐구하면서 환상을 점차적으로 강화하게 된다.

잘못된 음란물은 청소년의 마음을 불건전한 방식으로 프로그래밍할 수 있다. 음란물상의 변태적 성폭력 장면을 자주 시청한 남성은 피해자에 대한 동정심이 낮고, 여성을 대상으로 한 폭력이나 강간에 대해 보다 수용적 태도를 가진다. 청소년기에 음란물과의 접촉횟수가 많으면, 음란물이 청소년의 성적 관심사와 성에 대한 태도에 큰 영향을 끼치며 변태적 성행동을 유발할 가능성도 커진다.

도봉구에서 발생한 여중생 집단 성폭행 사건을 살펴보자. 이 사건은 피해자인 여중생들이 피해 사실 진술을 꺼려하여 몇 년을 끈 끝에 최근에야 가해자들이 사법처리를 받게 되었다. 꽤 시간이 흘렀기 때문에 가해자들은 대학에 진학하거나 군에 입대했으며 직장인으로서 정상적 생활을 하고 있었다. 사법처리를 받은 가해자 중에는 집단 성폭행에 직접 가담하지 않았고 옆에서 구경만 했을 뿐이라고 강변한 사람도 있었다. 그러나 그 사람도 역시 사법처리되었다. 어린 시절 잘못된 생각과 군중심리에 의해 가담했던 행위에 대한 처벌의 결과는 심각하다.

남자아이를 둔 부모들은 행위의 결과에 대한 책임은 시간이 흐르더라도 끝까지 자신이 져야 한다는 사실을 끊임없이 교육시켜야 한다. 부모로서 아이에게 관심과 노력을 할애하지 않는다면 가해자의 부모가 될 수도 있다는 사실을 명심해야 한다.

더 알아보기

● **음란물이 청소년, 특히 남자아이들에게 주입시키는 생각**

첫째, 여자와 아동을 대상화한다. 여자와 아동에게서 인간성을 제거함으로써 성적 만족만을 위해 타인을 이용하려는 자세를 가질 수 있다.

둘째, 성행위란 단순한 육체적 행위일 뿐으로 그 밖에 별다른 의미가 없다고 느낀다. 성적 접촉에 있어서 정신적 결속감 등을 전혀 고려하지 않는다.

셋째, 성행위란 사랑이나 약속 따위와는 연관이 없는 본능적 욕구의 표현일 뿐이라는 메시지를 주입시킨다.

● **아들을 둔 아버지 역할의 중요성**

프로이드는 오이디푸스 콤플렉스를 인간 발달의 한 부분으로 보았다. 오이디푸스 콤플렉스Oedipus complex란 3~5세 남아가 어머니를 무의식적으로 사랑하고 아버지를 질투하고 미워하는 단계를 말한다. 이는 오랜 유년기의 의존 상태와 근친상간의 금지에 따른 필연적인 결과다. 이 과정에서 남자아이는 아버지에 대한 자신의 욕망과 질투, 미움을 들킬까 봐 아버지를 두려워하고, 아버지와 경쟁하다가 실패하였을 경우 아버지가 자신의 성기를 제거할 수도 있다는 불안감을 느끼게 되는데 이를 거세불안Castration Anxiety이라고 한다.

아이들은 점차 성장하면서 같은 성의 부모가 경쟁자가 아니라는 사실을 깨닫고 다른 성의 부모를 소유하려는 욕구를 포기한다. 이렇게 오이디푸스 콤플렉스는 자연스럽게 해소된다. 남자아이의 경우 자신을 아버지와 동일시하고 아버지의 가치관, 목표, 습관 등을 모두 함께 받아들여 초자아가 더욱 발달했을 때 이 콤플렉스가 해결된다. 아버지처럼 된다는 것은, 아버지가 자신을 좋아하게 되는 것, 따라서 벌을 주지 않을 것이며 어머니도 자신을 좋아할 것임을 의미하기 때문이다.

일반적으로 아버지와 아들은 성과 관련된 대화를 잘 하지 않는 편이다. 하지만 이런 관계를 잘 이해하여 부자 간 솔직한 대화를 나눈다면 청소년 성범죄 예방에 매우 좋은 효과를 발휘할 것이다. 성범죄라는 것은 평생 동안 쌓아왔던 것을 한순간에 무너뜨릴 수 있는 대단히 큰 잘못이라는 사실을 아버지가 아들에게 전달하는 것이 필요하다.

부부 간에도
성범죄가 성립한다

Q 아무리 부부 사이라 해도 강제로 성행위를 할 경우 범죄가 되는 것으로 알고 있습니다. 하지만 부부이기 때문에 실제로 신고하기 애매한 부분이 있습니다. 이런 일을 방지할 수 있는 현명한 방법은 없을까요?

2013년 대법원에서는 남편이 강제로 아내와 성관계를 가진다면 '강간죄'에 성립한다는 판결을 내렸다. 남편 A씨와 아내 B씨는 혼인신고를 마친 법률상의 부부로서 슬하에 자녀 두 명을 두고 정상적인 혼인관계를 유지해왔다. 그러나 2~3년 전부터 불화로 인해 부부싸움을 자주 했다. 그러던 중 아내가 밤늦게 귀가하는 것에 불만을 품은 A씨가 주먹과 발로 B씨를 폭행하고 흉기로 찌르는 듯한 태도를 보이며 강제적으로 총 3차례의 성관계를 가졌다.

이로 인해 A씨는 성폭력 범죄의 처벌 등에 관한 특례법 위반(특

수 강간) 혐의로 기소됐다. 강제로 성관계를 가졌을 당시, 아내 B씨는 흉기로 인해 겁을 먹어 항거불능 상태였다. 이와 같이 법원에서 부부 간의 강간을 인정하고 있다.

이렇게 부부 간 성범죄를 인정하는 법의 자세와 달리 실생활에서는 가해자, 피해자 모두 이것을 인식하지 못하거나 인식하더라도 자녀를 생각해 인내하며 부부관계를 유지하는 경우가 많다. 하지만 이는 서로에게 위험한 행동임을 알아야 한다. 부부 간 폭행과 성폭행 등이 지속되면 자칫 극단적인 상황에 이를 수 있기 때문이다. 따라서 부부는 서로를 소유물이 아니라 하나의 인격체로서 존중하는 자세를 가져야 한다.

부부관계에서 성폭력이라는 느낌을 받았으나 신고할 수 없을 때 할 수 있는 가장 현명한 행동은, 그냥 넘어가지 않고 상대방에게 확신히 경고하는 것이다. 당장은 힘들고 말하기 곤란하겠지만 용기를 내서 성폭력기관에 상담을 받아보는 것도 방법이다. 쉬쉬하고 넘어갈 부부관계가 아니라 분명한 범죄임을 부부 모두 명심해야 한다.

성희롱의
경계

Q 최근 성희롱이 사회적 문제가 되고 있습니다. 직장이나 학교에서 발생하고 있는 성희롱 피해에서 자유로워지려면 어떻게 해야 하나요?

성폭력 범죄는 주로 형사처벌의 대상이 된다. 그러나 성희롱은 남녀차별을 금지하는 법률에 의해 규제되며 성폭력보다도 경미한 성적 언어나 행동으로서 형벌부과의 대상이 되지 않는다는 점에서 차이가 있다. 즉 성희롱은 성범죄 유형에 해당하지 않는다.

성희롱은 성범죄와는 달리 고용관계에서 이루어지는 일체의 성적 행위로서 폭행, 협박, 위계, 또는 위력에 의한 경우뿐만 아니라 인간으로서의 존엄을 침해하는 중대하고 철저한 성적 행위를 모두 포함한다. 사업주, 직장 내의 상급자, 동료, 하급자가 직장 내 성희롱의 주체가 될 수 있다.

노동부의 성희롱예방지침에서는 육체적, 언어적, 시각적 행위와 기타 사회통념상 성적 굴욕감을 유발하는 것으로 인정되는 언어나 행동을 대표적 성적 언동으로 구분하고 있다. 육체적 행위에는 입맞춤이나 포옹, 뒤에서 껴안는 등의 신체적 접촉행위, 가슴, 엉덩이 등 특정 신체 부위를 만지는 행위, 안마나 애무를 강요하는 행위 등이 있다.

　언어적 행위에는 음란한 농담이나 성적으로 상스러운 이야기를 하는 행위(전화통화를 포함한다), 성적 사실관계를 묻거나 성적 내용의 정보를 의도적으로 유포하는 행위, 성적 관계를 강요하거나 회유하는 행위, 회식자리 등에서 무리하게 옆에 앉혀 술을 따르도록 강요하는 행위 등이다.

　시각적 행위는 음란한 사진, 그림, 낙서, 출판물 등을 게시하거나 보여주는 행위, 성과 관련된 자신의 득정 신체부위를 고의적으로 노출하거나 만지는 행위 등이고, 컴퓨터 통신이나 팩시밀리 등을 이용하는 경우를 포함한다.

　이전까지 여성들에 대해 함부로 대해 왔던 관행이 점차 인정되지 않는 추세이다. 성희롱 가해자의 경우 이전보다 훨씬 더 불리한 상황에 처할 수 있다. 피해를 당하는 입장에서 성적 희롱으로 인한 수치심을 느끼는가의 여부가 중요한 기준이 되기 때문이다. 평소에 여성을 함부로 대하는 남성들은 앞으로 더욱 조심하지 않으면 안 될 것이다.

● **성희롱 유형**

육체적 성희롱: 상대의 의사와 상관없이 신체적 접촉행위나 특정 신체 부위를 만지는 행위 등을 통하여 피해자에게 성적 굴욕감 또는 혐오감을 느끼게 하는 성희롱.

예) 회식자리에서의 블루스 강요, 러브샷을 강요하는 행위. 막대 과자 게임 등을 통해 뽀뽀 등을 강제하는 행위. 손가락 등으로 복부나 옆구리 등의 몸을 찌르는 행위. 팔과 다리 등에 털이 많다며 만지는 행위. 게임을 빙자해 가슴이나 엉덩이 등을 만지는 행위 등.

언어적 성희롱: 상대의 의사와 상관없이 음란한 농담을 하거나 음탕하고 상스러운 이야기, 외모에 대한 성적인 비유나 평가, 성적 사실관계를 묻거나 성적인 내용의 정보를 의도적으로 유포하는 행위.

예) "남자들이 딱 좋아하게 생겼네", "예쁘네" 등 외모에 대한 평가. "예쁜이 뭐해?", "지금 뭐 입고 있어?" 등의 메시지. "포르노에 나오는 여자처럼 옷을 입었다" 등의 성적 발언. "넌 내거야", "난 영계가 좋아", "허리 힘 좋아?" 등의 발언. "남편이 잘 해주나 봐. 얼굴이 좋아졌는데?" 등의 발언. 남자에게 게이 등의 표현으로 놀리는 것. 여러 사람이 있는데 공공연하게 성적 농담을 하는 행위. 첫 키스나 첫 경험 등을 물으며 놀리는 행위. 가슴 사이즈가 어떻게 되느냐고 묻는 행위.

시각적 성희롱: 상대방의 의사와는 상관없는 시각적 인지가 가능한 행동을 통해 성적 수치심을 일으키는 행위.

예) 운동 후 여러 사람 앞에서 옷을 벗는 행위. 옷을 입지 않았거나 속옷 등만 입은 남성 혹은 여성의 사진이나 영상 등을 보여주거나 게시하는 행위. 단둘이 있는 상황 등에서 특정 신체 부위 등을 음흉한 눈빛으로 바라보며 성적 언동을 통해 굴욕감을 주는 행위. 남성 성기가 드러난 사진을 컴퓨터로 보여준 것. 임신했는지 보기 위해 겉옷 벗고 일어나서 한 바퀴 돌아보라고 한 것. 술집에서 술집여자의 가슴 등을 만지는 것을 보라고 한 것. 입을 모아 내밀면서 뽀뽀하자는 몸짓을 한 것. "가슴을 만지고 싶은 충동이 일어난다"며 자신의 가슴을 만지는 시늉을 한 것. 여성들 앞에서 자신의 성기를 드러내는 행위.

● **성희롱 상담 및 지원**

여성노동법률지원센터 0505-515-5050

국가인권위원회 국번없이 1331

한국성폭력상담소 02-338-5801~2

여성긴급전화 국번없이 1366

대한법률구조공단 132

한국여성의전화 02-2263-6465

한국여성민우회 02-335-1858

3장
스토킹

SNS에서
시작된 스토킹

Q 직장에서 홍보활동을 위해 개인 SNS를 사용하는 일이 늘고 있습니다. 그런데 회사 계정과 연결되어 있다 보니 불쾌한 메시지에 강하게 대응하기가 쉽지 않습니다. 뿐만 아니라 개인 계정에도 가끔씩 낯선 남성이 만나자는 메시지를 보내오는 경우가 있습니다. 거절하거나 무시하면 공개된 공간에서 집요하게 글을 올리거나 지인들에게 접근하기도 하는데, 무서운 생각이 듭니다. SNS상에서 범죄의 위험에 노출되지 않게 주의해야 할 것들에는 어떤 것이 있는지 궁금합니다.

사생활 노출이 쉽게 이루어지는 SNS의 특성을 이용한 범죄가 늘고 있다. 다음을 살펴보자.

A는 자신이 다니는 회사 제품을 홍보하는 페이스북 페이지를 실명으로 운영하면서 개인 사진도 종종 이곳에 올렸다. 이를

우연히 보게 된 B는 A에게 반했다며 "소개팅을 할 생각이 없느냐"는 메시지를 보내기 시작했다. 처음에 A는 회사 이미지에 나쁜 영향을 주는 것을 우려해 친절하게 답장을 했다. 그러나 B가 약 5개월 동안 계속해서 메시지를 보내면서 만남을 강요했고, 신변에 위협을 느낀 A는 결국 B를 고소하게 되었다. 이후 B는 인터넷 검색을 통해 A의 휴대전화 번호를 알아내, 총 555차례에 걸쳐 "잡아먹겠다", "찾아가겠다"는 등 위협을 가하는 메시지를 보냈다. 인터넷 검색으로 알아낸 A의 집 근처로 찾아가 공사장 펜스에 매직펜으로 자신이 A를 찾고 있다는 내용을 남기기도 했다. B는 두 차례나 A의 직장으로 찾아가 "A를 만나게 해달라"고 요구하다 경찰에 현행범 체포됐다. B는 결국 정보통신망법 위반과 건조물침입 혐의로 구속되었다.

개인 계정으로 회사 일을 하게 되면 자연스럽게 개인의 정보가 노출된다. 이럴 때 결국 피해를 입는 것은 개인이다. 따라서 회사 업무와 사적인 활동은 철저히 구분되어야 한다.

통상 전과나 정신 병력이 없는 사람은 스토킹과는 상관이 없을 거라고 생각한다. 그러나 사실은 그런 경력이 없다고 해서 스토킹을 하지 않는 것은 아니다. 스토커는 늘 새롭게 시작하기 때문이다. 앞의 사례의 경우에는 초반에 피해자가 회사에 누를 끼치면 안 된다는 생각으로 스토커의 접근에 친절하게 대응한 것이 문제가 될 수 있다. 이 반응을 발단으로 스토커는 자신의 행위를 강화했다.

　군대도 다녀온 평범한 남성이었던 가해자는 유사 전과나 정신 병력이 없었다. 그런데 왜 이러한 행동을 하게 된 것일까? 그 이유는 가해자가 SNS를 통해 상대 여성의 신상을 속속들이 파악하여 그 여성에게 친근감을 느꼈기 때문이다. 아마 전혀 모르는 사람에게는 이런 행동을 할 수 없었을 것이다. 유명 연예인을 길거리에서 마주치는 경우와 비슷하게 생각할 수 있다. 매스컴을 통해 접해온 연예인이 아무리 친근하게 느껴져도 연예인은 나를 모른다. 이때 '왜 나한테 친근하게 대하지 않지? 너무하잖아' 하고 일방적인 배반감을 느끼는 경우가 있다. 자기 감정만 소중하게 생각하고 상대의 입장은 전혀 고려하지 않은 것이다.

　SNS 스토킹의 일반적인 행위는 다음과 같다. 스토커는 타깃으로 삼은 사람의 사진 앨범과 타임라인을 전부 뒤져 가능한 한 많은 정보를 수집한다. 또 타깃과 연결을 유지하기 위해 타깃의 SNS 친구와 친구 맺기를 시도한다. 만약 타깃에게 차단을 당하면 가짜 계정을 만든다. 또는 다른 사람들의 타임라인에 타깃에게 보내는 메시지를 남긴다. 제발 그만하라는 완곡하거나 분명한 메시지를 반복해서 보내도 개의치 않고 끊임없이 메시지를 보낸다.

● SNS를 운영하며 주의해야할 점들

요즘은 사람들이 온라인상에 자신의 일상을 많이 공개한다. 그렇기 때문에 자연적으로 그에 따른 피해도 심각해지고 있다. 조심하지 않으면 누구나 스토킹 피해자가 될 수 있음을 명심해야 한다.

이름, 성별, 나이, 혈액형, 학교, 학과, 학번, (집)주소, 이메일, 전화번호 등의 정보가 SNS에 공개되어 있는 경우가 많다. 심지어는 셀카나 안방 사진까지 공개되어, 조금만 자세히 들여다보면 그 사람이 쇼핑은 어디서 하는지, 차는 어디서 마시는지 등등, 생활 동선을 쉽게 파악할 수 있다.

그런 피해를 예상하고 정보를 공개하는 사람은 없겠지만 운이 나쁘게도 스토커 한 명이 자신을 선택한 뒤 접근을 해오면 돌이키기는 힘들다. 온라인상에서 접근을 거절하기라도 하면 욕설, 협박을 하는 것은 물론, 오프라인으로까지 접근할 수도 있는 일이기 때문에 처음부터 전체공개를 하지 않는 편이 좋다. 최근에는 이런 피해를 염려해 아예 SNS를 하지 않는 사람들도 늘고 있다.

◇◇◇

친절이 부른
스토킹

Q 단순한 친절을 베풀었을 뿐인데, 자신에게 호감이 있어서 그런 것으로 착각하는 사람이 있습니다. 혹시나 자신만의 착각으로 잘못된 접근을 하지 않을까 걱정이 되는데요. 이런 경우 어떻게 해야 할까요?

나의 의도와는 상관없이 상대방이 자의적으로 해석함으로써 발생하는 범죄들이 있다. 다음의 사례를 살펴보자.

A는 최근 동호회에서 만난 B에게 괴롭힘을 당하고 있다. 처음에 B가 인터넷상에서 말을 걸어오기에 A는 몇 번 답을 해주었다. 그런데 어느 날부터인가 B가 끊임없이 메일을 보내기 시작했다. A는 당황스러웠지만 친절한 성격 탓에 꼬박꼬박 답장을 보내주었다. 얼마 뒤 B가 사귀자는 말을 했지만 A는 거절했다. 그다음부터 B는 더욱 심하게 메일을 보냈고 그것도 모자라 A

142

의 전화번호를 알아내 전화까지 하기 시작했다. 처음에 A는 이러다 말겠지 하고 생각했지만 점차 심해지는 B의 애정공세에 점점 두려운 마음이 들기 시작했다. 그래서 동호회 사람들에게 도움을 요청했는데, 사람들이 하나같이 'B가 널 좋아해서 그런 거니까 너무 예민하게 받아들이지 마라. 인기 많은 것도 걱정이냐'는 식으로 반응했다. A는 갈수록 심해지는 B의 행동 때문에 정신적 고통이 나날이 더해갔다. 집주소를 알려준 적도 없는데 편지와 꽃다발이 집으로 배송되는 등, 자신의 사생활이 B에게 노출되고 있다는 느낌이 들어 불안감을 떨칠 수가 없었다. 뿐만 아니라 B는 자기와 사귀지 않으면 A의 가족과 친구들이 무사하지 않을 거라는 협박까지 서슴지 않았다.

이와 같이 처음에 친절하게 답장을 해준 것이 화근이 되어 얼굴도 한번 보지 않은 사람으로부터 스트레스와 피해를 당하는 일이 있다. 섣부른 친절은 상대방이 착각하게 만들 수 있으므로 범죄 예방을 위해 자제하는 것이 좋다.

남녀 간 성에 대한 오해가 발생하는 이유는 성에 대한 견해 차이가 존재하기 때문이다. 남성은 여성을 단순한 친구로 생각하지 않는 경향이 있다. 남성을 성적 대상보다 정서적 낭만의 대상으로 여기는 여성과는 크게 다르다. 특히 성적으로 동기화되어 있는 남성의 경우 절대적으로 상대를 성적으로 생각한다. 단순한 친절이라도 보이면 더욱 크게 오해한다.

성적으로 좋아하기 때문에 친절하게 대한다고 생각해 기회가 되면 성적 접촉을 시도한다. 일반적으로 남성들은 정서적 필요와 성적 필요를 혼동하는 경향이 있다. 남성에게 있어서 삶의 과정이란 동물적 본성과 도덕성 사이 끊임없는 투쟁일 수 있다.

스토킹을
방치할 경우

Q 자기의 이상형이라는 이유로 저를 스토킹해온 사람이 있습니다. 그런데 나중에는 아예 저와 사귄 것처럼 행동하더군요. 얼굴도 잘 모르는 사람인데 갑자기 말을 걸고 잘 지냈냐며 안부를 물으며 길거리에서 쫓아오기까지 했습니다. 왜 이런 망상에 빠지게 되는 걸까요? 그리고 이럴 때는 어떻게 행동해야 하나요?

이와 유사한 사례가 있다. 한 스토커가 피해자를 지속적으로 관찰한 것도 모자라, 피해 여성이 출근을 위해 차에 타자 옆자리에 동승해 지하주차장에서 성추행을 시도한 것이다. 이러한 시도가 있었는데도 그대로 방치할 경우 스토커는 자신감을 가지게 되고 가벼운 성추행에서 납치, 강간, 살인까지 저지를 수 있다. 이럴 경우 즉시 아파트 경비실에 비치되어 있는 CCTV 영상을 확보하고 경찰에 신고해 사법처리해야 한다. 미행을 하거나 전화를 거는 등의 스토킹 행위를 증명할 만한 증거를 미리 확보해놓는 조치도 필요하다.

처음에는 스토킹으로 시작했지만 나중에는 사귄 양 행동한다는 것은 피해자에게도 약간의 책임 소지가 있는 것으로 생각된다. 일면식도 없는 사람이 말을 걸어오는 행위는 젊은이들 사이에 가끔씩 있는 일이다. 마음에 드는 상대에게 적극적으로 다가가면 상대도 호감을 보일 거라는 나름의 계산이 있기 때문이다.

하지만 혹시 모를 범죄 상황을 예방하기 위해서는, 이럴 때 절대 대응을 하지 않아야 하고 두려워하거나 겁먹은 모습을 보여서는 안 된다. 농담으로 대응하거나 말대꾸를 하는 것은 바람직하지 않다. 웃으면서 말을 받아주면 상대는 자신의 전략이 성공했다고 착각할 수 있다. 상대방이 의사를 파악하지 못하고 지속적으로 접근해오면 분명히 거부 의사를 밝혀야 한다.

그것도 통하지 않는다면 부모님이나 형제자매에게 알려 피해 여성이 주변 사람들에게 지속적인 관심을 받고 있음을 드러내야 한다. 그래야 더는 효과가 없음을 알고 포기할 수 있다.

가볍게 취급되는
스토킹 범죄

Q 다른 사람과 똑같이 대한 것뿐인데 자기를 좋아해서 그런 줄로 착각하여 저에 대한 스토킹을 시작한 사람이 있습니다. 저는 그저 평소대로 행동했을 뿐인데, 이런 일이 벌어지니 앞으로 인간관계를 어떻게 하고 살아야 할지 막막합니다. 비슷한 일을 겪은 지인은 도저히 견딜 수가 없어 변호사를 만나 상담했는데, "그럴 만한 행동을 하지 않았나요?"라는 질문을 받았다고 하더군요. 또 사법처리를 강행했지만 가해자에게 범칙금 5만 원이 부과됐다는 얘기를 들었습니다. 사회적으로 여성의 편이 없다는 생각이 듭니다. 사회적 편견들에 화가 나고 한편으론 두렵기도 합니다. 이런 경우 더욱 강력하게 가해자를 처벌할 수 있는 방법은 없나요?

여성의 작은 호의는 스토커 기질이 있는 남성을 심리적으로 강화시킨다. 그런 이유 때문에 여성이 먼저 그럴 만한 행동을 한 것이 아니냐는 이야기가 나오는 것이다. 다음의 사례를 살펴보자.

직장인 여성 A와 남자 B는 평범한 친구 사이였다. 그런데 A가 B에게 우연히 도움을 준 다음부터 B가 A에게 집착하기 시작했다.

회식을 비롯한 모임이 있을 때면 B는 매번 A의 옆자리에 앉으려고 했다. A는 그저 친구처럼 B를 대했지만, B는 A가 자신에게 호감이 있어서 그랬다고 생각한 것 같다. 어느 날 A의 자리로 장미꽃이 배달되면서, 회사 내에 A와 B가 사귄다는 소문이 돌기 시작했다.

그 뒤 B의 행동은 더욱 과감해지기 시작했다. B는 은근슬쩍 어깨에 손을 얹는 등 A에게 스킨십을 했고 나중에는 엉덩이를 쓰다듬기까지 했다. 뿐만 아니라 A의 SNS에 "우리 자기, 오늘 피로 전부 풀어요. 사랑해요" 같은 메시지를 남기기도 했다. A가 그만하라고 하면 장난인 양 넘어가려 하고 볼을 꼬집는 등의 행동도 했다.

결국 A는 B를 고소하기에 이르렀다. 고소를 당한 B가 A에게 보낸 첫 메시지는 "너도 좋았잖아"였다. A는 이 메시지를 받는 순간 일이 한참 잘못되었음을 인식했다. 설상가상으로 회사에는 A가 결혼하기 싫다는 이유로 B를 돌연 스토커로 몰아 고소까지 한 것으로 소문나 있었다. 직장 내 스트레스를 견디지 못한 A에게 우울증이 찾아 왔다. A는 원인 모를 두통에 시달리면서 더는 회사 생활이 불가능해져, 퇴사를 하게 되었다.

여성이 어떤 반응을 보이더라도 스토커는 자신에게 유리한 방향으로 해석한다. 이야기를 할 때 미소를 띤 것, 농담을 받아준 것 등, 사소한 모든 것에 대해 자신을 유혹하는 행위로 이해하는 것이다. 그리고 이러한 생각은 여성과 헤어진 상태에서 환상과 공상을 통해 점차적으로 고착된다. 그래서 현실적으로 자신을 거부하는 여성을 이해할 수 없다. 결국 자기를 농락했다는 생각에 분노가 일고, 그 결과 공격적인 모습을 보인다.

따라서 상대방이 잘못 해석하지 않도록 애매한 태도를 취하지 않는 등 애초에 예방을 잘 하는 것만이 효과 있는 방법일 뿐, 처벌이라는 위력을 통해 의지를 꺾는 것은 효과가 떨어진다. 앞에서도 언급됐듯이 경범죄에 근거한 처벌이기 때문이다.

만일 가해자가 단순한 스토킹이 아니라 폭행이나 가택침입, 협박, 성폭력 등을 행사했다면 형사처벌이 가능하다. 형사사건은 따로 고소를 하지 않아도 수사기관의 수사가 이루어지므로 일단 경찰서에 신고해야 한다.

● **스토킹 처벌에 관해**

2014년 한국성폭력상담소와 한국여성민우회가 공동으로 주최한 '스토킹 피해 토론회'에 발표된 조사 자료에 의하면 240건의 스토킹 피해 상담사례 중 직접적 상해·살인미수·감금·납치 등의 강력 범죄에 해당되는 사례는 51건(21%)이나 되었다.

각국의 사례를 보자. 미국은 1990년대부터 스토킹을 처벌해왔는데 1998년부터 인터넷을 통한 스토킹도 처벌대상에 포함시켰다. 주에 따라 기준은 다르지만 2~4년의 징역을 부과한다. 독일은 2001년부터 스토킹을 강력 처벌하기 시작했고, 2007년에는 '스토킹 범죄의 처벌에 관한 법률' 특별법을 제정했다. 가까이 접근하는 행위와 전화로 연락을 취하는 것도 모두 스토킹으로 간주하고 있고, 신체나 정신 건강에 해를 끼쳤다고 판단되면 3년 이상 5년 이하의 징역에 처한다. 일본은 2000년부터 스토킹 규제법을 제정해 징역 1년 이하, 벌금 1,000만 원에 처하고 있다.

이에 비해 우리나라의 스토킹에 대한 제재 규정은 2013년 3월부터 시행 중인 '경범죄 처벌법'이 유일하다. 그것도 엄청난 피해가 발생한 이후에야 적용된다. 처벌 대상이 되는 기준도 3회 이상 이성교제를 요구해야 하고, 신고를 당한 뒤에도 지켜보거나 따라다니는 행위를 반복해야 한다. 스토킹 행위가 반복된다 해도 명시적 거절의사 표현이 없었다면 처벌할 수 없다. 처벌은 최대 10만 원 이하의 범칙금, 구류 또는 일정 재산을 납부하게 하는 과료형이 전부로, 주로 8만 원 범칙금이 부과되는데 이론적으로 가해자 입장에서는 8만 원이면 스토킹 문제를 해결할 수 있다.

반면 피해자 입장에서는 정신적 고통이 심해져 점점 자포자기 상태가 되거나 우울증에 시달릴 수 있다. 극단적으로는 상대를 살해한 사례도 있다. 우리나라는 스토킹 처벌을 강화하는 관련 법안이 15대 국회 때부터 8건 발의됐지만 모두 법제사법위원회를 통과하지 못하고 철회되거나 폐기되었다. 현재 국회에서 발의된 스토킹 관련 법안도 여전히 계류 중이다.

◇◇

여성을 두 번 죽이는
사회적 인식

Q 스토킹으로 고통받고 있는 사람들이 점점 많아지고 있는 반면, 아직도 사회에서는 스토킹을 사소하고 개인적인 일로 바라보는 인식이 있습니다. 경찰에서조차 스토킹 자체를 남녀 간 구애과정에서 발생하는 사소한 마찰로 여기고 둘이 알아서 잘 풀라는 식으로 대응을 하곤 합니다. 피해자를 적극 구제하고 가해자를 처벌하기는커녕 스토킹으로 인한 피해를 스스로 증명해야 한다고도 하고요. 복합적 강력범죄의 전조 증상인 스토킹을 두려움에 떨고 있는 피해자가 스스로 증명해야 한다는 사실이 참으로 어이없습니다. 이런 사회적 인식 때문에 점점 갈수록 피해자는 더 큰 피해자가 되고 가해자는 기세등등하게 피해자의 숨통을 더 조이는 것 같습니다.

스토킹은 피해자의 삶에서 많은 것을 앗아간다. 다음의 사례를 살펴보자.

A와 어려서부터 같은 동네에 살면서 서로 알고 지냈던 선배 B는 교회에서 함께 활동하는 일이 많아지면서 A에게 교제를 제안했다. A는 몇 번이고 거절했지만 B는 직접 만나서 이야기하자며 A의 집 앞을 늘 서성였다. 그러다가 이번이 마지막이니 꼭 얼굴을 보고 인사를 하자고 하며 만난 날, A는 B에게 성폭행을 당했다. A는 이 사실을 교회에 알렸으나, 교회 관계자들은 좋지 않은 사건이니 조용히 처리하자고 종용했다. A 자신도 경찰에 신고한 뒤에 받게 될 조사도 부담스럽고 보복을 당할까 봐 무섭기도 했다.

그렇게 사건을 묻은 채 스스로 이겨나가고 있던 중 또다시 아는 사람으로부터 두 번째 스토킹을 당했다. 공부를 도와주겠다고 자청한 한 남자는 A가 호의를 거절하자 문자와 자해 협박을 했다. A는 100회 이상의 전화와 문자 때문에 정상적인 일상생활이 힘든 것은 물론 우울증에 시달려야 했다. A는 자괴감 때문에 힘들어했고 살던 동네를 떠나는 것으로 돌파구를 찾았다. 평범한 학생이었던 A는 스토킹으로 인해 삶의 많은 부분을 잃었다.

복수의 남성으로부터 지속적이고 반복적인 스토킹 피해를 당해 온 사람이라면 스스로 느끼지 못할지라도 스토킹 범죄에 대한 심리적 약점이 있을 수 있다. 사례에서 피해자는 성폭행을 당하고도 주위의 쉬쉬하는 분위기에 눌려 경찰에 신고하지 못했다. 아마 부모 형제 등이 옆에서 적극적으로 도와줄 분위기가 아니었던 것 같다. 그러다가 또 다른 스토커로부터 피해를 당하여 정신적 심리적 스트레스가 심해져 자책하는 상황까지 가게 되었다.

스토커들은 사람을 보고 본능적으로 취약점을 파악해 먹이를 쉽게 정한다. 그들은 상대의 약점을 정확히 알아낸다. 피해자는 아마 치근대는 것에 대해 적극적으로 대처하지 못했을 것이다. 작은 지역사회에서는 주변 남성들 간 피해 여성의 취약점이 공유되었을 수도 있다. 상대와 눈을 제대로 맞추지 못하고 회피하는 행동은 가해자에게 강한 확신을 준다. 피해를 당해도 적절히 대처하지 못하는 사람으로 인식되면 그 이후 피해의 폭과 기간이 늘어난다. 그렇게 되면 결국 손해 보는 것은 피해자 자신뿐이다. 주변 사람들 역시 적극적으로 도와달라는 메시지를 보낼 때에만 도와주려고 할 것이다. 아무 말도 하지 않고 가만히 있는 사람에게 먼저 다가와서 도와주려는 사람은 없다.

경찰이 스토킹 피해자에 대해 소극적으로 대하는 것은 예전에 비해 많이 나아졌으나 아직까지 피해자의 입장에서는 미진한 점이 한두 가지가 아닐 것이다. 스토킹이라는 용어는 1998년 우리나라에 본격적으로 등장해 공론화되었다. 그전까지는 호감을 느낀 적극적인 남성이 소극적인 여성에게 사랑을 고백하고 자신을 받아달라는 메시지를 전달하는 과정에서 일어나는 사랑싸움 정도로 치부

되었다.

그러나 최근에는 스토킹 피해자가 납치되거나 살해당하는 상황까지 발생했기 때문에 경찰에서 조치하지 않고 넘어가지는 않는다. 만약 둘이서 알아서 적당히 처리하라는 이야기를 하는 경찰관이 있다면 자신의 말에 책임을 져야 한다. 해당 경찰관의 직책과 이름을 물어봄으로써 심적 부담을 안겨 관심을 갖게 하는 것도 좋다.

스토킹을 처벌하기 위해서는 전화, 문자, 미행 등에 대한 비교적 구체적인 증거가 필요하다. 스토커를 설득하는 것은 행동변화에 있어서 별다른 효과나 의미가 없다. 그저 또 다른 접촉의 기회를 줄 뿐이다. 스토커의 행동을 변화시키기 위해 혼자서 모든 것을 감당하는 것은 매우 위험하다. 주변 사람들의 도움을 통해 해결하려고 노력하는 것이 중요하다.

한편 스토킹이 여성들에게 얼마나 극심한 스트레스를 주는 범죄인지 짐작할 만한 사건이 있었다.

A는 우연히 알게 된 B에게 6개월 동안 전화, 문자 등으로 스토킹을 당해왔다. B는 A에게 많게는 하루에 10통씩 전화나 문자 메시지로 '사랑한다'거나 '보고싶다'고 연락해왔다. 오랜 시간을 시달려 스트레스가 극심했던 A는 B에게 "손을 묶어도 좋다면 집에 들어오게 해주겠다"고 말했고 B는 이에 응했다. A는 빨랫줄로 손목을 묶고 들어온 B를 식탁 의자에 앉히고 가슴과

발목을 재차 묶었다. 그리고 압박붕대로 눈을 가리고 유리테이
프로 입을 막은 뒤 흉기로 B를 여러 차례 찔러 숨지게 했다.

스토킹 피해로 극심한 정신적 고통을 당하고 있던 여성이 이를
감당하지 못해 스토커를 집으로 불러 묶어놓고 살해한 극단적 사
건이다. 스토커는 피해 여성이 순순히 자신의 집으로 오라고 할 때
뭔가 이상하다고는 생각했겠지만, 한편으로 드디어 자신의 전략이
통하는구나 하고 쾌재를 불렀을 수도 있다.

스토킹 피해자였으면서 종국에는 가해자가 되어버린 이런 사례
는 일반적인 경우는 아니다. 다만 오죽했으면 그렇게까지 했겠는
가 하는 점에서 그동안 스토킹으로 인한 정신적 스트레스가 엄청
났다는 것을 알 수 있다. 그러나 결과적으로 그 여성은 살인자가 되
고 말았다. 과연 자신의 인생을 걸 정도의 가치가 있는 일이었는
가? 법의 처벌이 아무리 미비하다 해도 스토킹 피해로 인한 문제를
이렇게 스스로 해결하려 하거나 극단적으로 해결하는 것은 결코
현명한 선택이 아니다.

청소년기의
잘못된 집착

Q 청소년기에는 선생님을 좋아하는 감정을 가질 수 있긴 하지만, 최근 저희 학교에 유독 집착적으로 젊은 여선생님을 따라다니는 학생이 있습니다. 학생의 부모님께 말씀드리기도 어려운 문제인데요. 자칫 위험한 상황이 벌어질까 봐 걱정이 됩니다. 이런 경우를 방지하기 위해 어떤 교육을 시켜야 할까요?

연상의 여인에게 집착을 보이는 청소년 스토커의 경우, 어린 시절 부모(특히 어머니)의 돌봄을 받지 못했거나, 돌봄을 받았더라도 사랑과 관심을 정상적으로 받지 못했을 가능성이 크다. 어머니로부터 받지 못한 사랑과 관심을 채우고 싶은 한편, 더 잃고 싶지 않기 때문에 집착하고 통제하려 드는 것이다. 따라서 연상의 여성(여기서는 교사)이 자신에게 친절을 베풀고 관심을 가져주면 그 대상을 어머니와 동일시하게 된다. 여성을 어머니와 동일시함으로써 같이 있는 시간이 행복해지므로 여성과 계속해서 함께 있고 싶어 한다. 그러한 감정이 발전하여 이성에 대한 애정으로 변질되는 것이다.

어머니의 사랑을 목말라 하는 사춘기 소년에게 여선생님의 친절은 엉뚱한 망상을 불러일으킬 수 있다. 학교 밖에서 개인적으로 만나거나 사적인 관계라고 착각할 만한 접촉 혹은 개인적으로 선물을 주는 등의 관계가 지속되면 정서적 단계를 지나 성적 환상을 품게 할 가능성이 높다. 따라서 이성을 바라보는 눈빛으로 접근해서는 안 되며 정신적으로 지나치게 의존하게 해서도 안 된다. 아무리 좋은 의도로 시작한 관심이라 해도 정도를 벗어나게 되면, 시간이 지나 청소년은 큰 충격과 배신감을 느끼게 된다.

사제지간이었던 A학생과 B선생님이 있었다. 미성년자였던 A는 상냥하고 긍정적인 선생님인 B를 유독 잘 따랐는데, 어느 순간부터는 B를 소유하고 집착하려는 행동을 보이기 시작했다. 어느 날 A는 B를 스토킹하며 목을 조르고 성폭행까지 시도하려했다. 처벌해야 마땅하지만, B는 미성년자인 A의 인생을 생각해 용서했다. 그 이후 심리상담 치료를 받은 A가 유학을 가면서 B를 향한 스토킹은 끝나는 듯 했다. 그러나 2년 뒤, A의 친구가 B의 결혼소식을 알리자 A의 마음속 집착의 불씨가 되살아났다. B의 가족과 친구들에게 연락을 하며 B의 행방을 알아내려 했던 A는 결국 강한 집착으로 B의 SNS에 섬뜩한 살인을 예고했다. 7개월 동안 무려 400통이 넘는 협박 메일을 보냈고, 유학을 포기하면서까지 수단방법을 가리지 않고 B를 찾아 헤맸던 A는 결국 서울 강남 한복판에서 B를 끔찍하게 살해했다.

사랑에 굶주린 제자가 친절을 베풀어준 여교사에게 잘못된 원망을 품고 보복을 한 사례다. 어머니와 동일시하던 여성으로부터 거부를 당하면 남성은 그것을 커다란 좌절로 해석하여 무리하고 불법적인 방법을 통해 여성을 통제하려고 하거나 극단적인 행동을 할 수 있다. 따라서 어린 남성이나 제자가 과도한 애정의 눈길을 보내기 시작한다면 뭔가 잘못되어간다는 사실을 알아차리고 일찌감치 거리를 두어야 한다.

선물을 주는
스토커

Q 스토커 중에는 음란물을 선물하는 사람도 있다고 하는데요. 이
경우 좀 더 심각한 징후로 받아들여야 하나요?

스토킹 범죄 중에는 다음과 같은 사례도 있다.

어느 날 길거리에서 A는 평소 자신이 좋아하던 여성 B를 보고
는 큰소리로 아는 척을 했다. 그러나 B는 A에게 아는 척을 하
지 않고 지나갔다. B가 자신을 무시했다고 생각한 A는 칼을 구
입하여 평소 다니는 길에서 B를 살해했다. A는 오랜 시간 B를
따라다니며 전화번호를 알려달라고 하는 등 집요한 구애를 했
고, 속옷과 음란물을 선물했던 것으로 드러났다.

A가 속옷과 음란물을 선물한 이유는, B가 자신이 보낸 성적인 신

호를 수용하는 것을 보고 자신과의 성적 관계를 인정하는 것으로 해석하고 단정하기 위함이다. 이 경우 스토커는 피해자의 감정을 이해하려 들지 않는다. 멋대로 행동한 뒤 이를 받아주지 않는 피해자를 비난한다. 스토커는 일단 막무가내로 행동한 다음 상대가 어떻게 나오는지 살피기 때문에 2차 범죄에 대한 위험성이 더욱 높아진다. 또 다른 예를 보자.

A는 B가 프러포즈를 받아주지 않은 데 분노를 느끼고 B에게 장례식 화환을 보냈다. 조화에는 B의 이름과 전화번호는 물론, B가 쓰던 SNS 계정 정보까지 적혀 있었다.

A가 장례식 화환을 보낸 것은 너를 살해할 수 있다는 의미를 담은, 매우 질이 좋지 않은 협박 신호다. 이를 통해 상대를 불안과 두려움에 떨게 만들고 결국 자신의 목적을 달성하려는 것이다. 화환에 이름과 전화번호, SNS 계정 정보까지 적어 보낸 것은 너에 대해 모든 것을 알고 있으며 자신으로부터 빠져 나가려는 시도가 아무 소용이 없음을, 즉 자신의 행위에 대한 자신감을 드러낸 것이다.

이런 상황에서 피해자가 두려워만 하거나 아무런 조치를 취하지 않으면 가해자는 자신의 방법이 효과가 있다고 확신할 수 있다. 따라서 경찰에 신고하거나 가족들에게 알리는 등의 적극적인 대처가 반드시 필요하다.

고객을 가장한
스토킹

Q 얼마 전 제가 근무 중인 매장에서 한 진상고객이 특정 종업원을 따라다니면서 귀찮게 하는 일 때문에 엄청 고생을 했습니다. 서비스업에 종사하는 사람들에게는 이런 일이 하루 이틀 일이 아닌데요. 업무 특성상 대부분 참고 있긴 하지만, 이런 행위도 엄연히 스토킹 아닌가요?

스토커가 고객으로 가장한 사례라고 볼 수 있다. 고객으로서 가질 수 있는 정당한 권리를 행사하는 것으로 포장했지만 결국 그 안에 접촉 기회를 늘리고자 하는 스토킹 욕구가 숨어 있다. 이는 최근 각종 매장에서 제품, 서비스에 대한 문제제기를 가장해 여종업원에게 접근하고 따라다니는 이른바 '클레임 스토커' 사례로 볼 수 있다. 클레임 스토커는 목표한 직원이 다른 업무 중이라 대응할 수 없다고 하면 난동을 부리기도 한다.

'자주 만나면 정이 든다'는 말은 남성들 사이에 퍼져 있는 잘못된 정보 중 하나이다. 영화나 드라마에는 남녀 사이에 우연한 일로 만나 다투다가 사랑으로 발전한 이야기들이 종종 나온다. 그러나 영화와 현실은 다르다. 가해자는 계속된 접근에도 기대하는 결과로 이어지지 않으면 자신의 판단이 잘못되었다는 생각을 하게 된다. 이런 경우 거기서 멈추기보다 계속해서 잘못된 선택을 하게 된다. 즉 이왕 시작한 것 끝을 본다는 생각을 하는 것이다. 가해자는 잘못된 선택과 고집으로 피해 여성은 물론 자신에게 엄청난 피해를 입히고도 전혀 반성하지 않는다. 왜냐하면 이런 부류의 사람들은 세상의 문제를 풀어나가는 사고방식 자체에 문제가 있기 때문이다.

이런 일이 생길 때에는 단순한 진상고객으로 대할 것이 아니라 스토킹 범죄로 인식하고 대처해야 한다.

4장

데이트 폭력

폭언하는
남자친구

Q 남자친구의 행동이 이상합니다. 얼마 전 새벽에 잠이 들어 전화를 받지 못한 일이 있었는데, 집착 증세를 보이며 폭언을 하는 것입니다. 다음 날 남자친구는 제가 걱정이 돼서 그랬다고 자기 행동에 대해 합리화를 하더군요. 평소에는 다정한 남자라 그날 일은 그냥 넘어가 주었지만, 어쩐지 통제와 감시를 받는 느낌을 지울 수가 없습니다.

의심과 폭언은 폭행의 전 단계다. 걱정이 되어서 의심을 하고 폭언을 한다? 가당치 않은 변명에 불과하다. 피해자들은 당장 폭행을 당하지 않았으므로 큰 문제가 되지 않을 거라며 자신을 위로하고 가해자 행동에 관대해지는 경향이 있다. 그러나 이는 커다란 실수이다.

폭언을 일삼는 남성이 평소 잘 해주는 것은 상대를 소유물로 생각하기 때문이다. 만약 그렇게 여겼던 여성이 자신으로부터 떨어져 나가려고 한다면 남성은 폭발적 분노를 드러내게 될 것이다. 그 분노의 이면에는 상대를 소유하고 통제하겠다는 집착이 근본적으로 깔려 있다.

처음에는 남성의 과도한 친절과 세심함에 호감을 느껴 사귀기 시작했을 것이다. 그러나 시간이 흘러 이제는 그 과도한 친절과 세심함의 어두운 이면이 드러나기 시작했다. 두 가지 선택이 기다리고 있다. 계속 사귈 것인가? 적절한 시기에 관계를 정리할 것인가? 이런 종류의 남성과 갑자기 교제를 끊는 것은 매우 위험하다. 그렇다고 해서 미적거리며 관계를 이어 나가는 것 역시 위험하긴 마찬가지이다.

이는 개인적 안전 문제를 포함해 사회생활을 하는 데도 치명적인 약점이 될 수 있다. 업무상 미팅이나 회식을 할 때 수도 없이 전화를 하는 남자친구가 있다면 정상적인 생활을 할 수 없을 것이다. 스스로 잘 생각해봐야 할 문제이다. 관계의 기본은 동일한 인격을 가진 주체가 서로를 존중하는 것이다.

폭행하는
애인의 심리

Q 남자친구가 의심이 너무 심합니다. 애먼 의심을 받을까 봐 얼마 전 이성 친구와 연락했던 일에 대해서 말하지 않았는데요. 남자친구가 어떻게 알았는지 마구 화를 내며 폭력적인 모습을 보이더군요. 너무 무서워서 반발을 하지 못했습니다. 계속해서 공포의 상황이 이어지니 아무것도 할 수 없었습니다.

심각한 피해 상황에서 피해자들이 쉽게 저항하지 못하는 이유는 감당하기 어려운 두려움에 지배당하기 때문이다.

A는 남자친구 B와 대화하던 중 우연히 전 남자친구 이야기를 하게 되었다. 이때 화가 난 B는 A의 머리와 얼굴을 휴대폰을 쥔 주먹으로 4~5차례 때렸다. B는 "이대로는 억울해서 못 보낸다. 3시간 동안 맞고 가라"면서 30센티미터 길이의 흉기로 A

의 머리 옆쪽을 찍었다. 이를 시작으로 A에게 지속적인 폭행이 계속됐다. 이후 B는 겁을 먹고 만나주지 않는 A를 집요하게 찾아다녔고, 강제로 차에 태워 야산으로 데려가 온갖 협박과 폭행을 가하고 감금했다. 그 밖에도 "돈을 주면 더는 집착하지 않겠다"고 협박해 금품을 갈취하고, 수차례에 걸쳐 나체를 촬영하기도 했다.

심각한 폭행 피해를 지속적으로 당하는 상황에서도 피해자가 어떻게 벗어나야 하는지 알지 못하고 단지 두려워하는 경우가 있다. 피해자는 이미 가해자에게 신체적, 정신적으로 장악당한 상태이다. 가해자는 피해자를 소유물이라고 생각하기 때문에 상습적으로 폭행을 하면서도 전혀 개의치 않는다. 가해자는 피해자를 여자친구보다는 반려동물 정도로 인식하고 있을 가능성이 높다. 반려동물이 감히 주인에게 반항한다는 사실에 분노하지 않았을까? 전 남자친구의 이야기에 자신의 소유권이 침해당했다고 느껴 분노가 폭발한 것이다. 가해자는 그 후 여자친구와 주변 남자들을 철저히 차단시키는 방식으로 통제하려고 했다.

지속적 폭행을 당하면서도 끌려다니는 이유는 피해자가 자포자기적 상황에서 빠져나오지 못하기 때문이다. 오랜 가정폭력에 길들여진 아내가 수십 년간 폭행을 당하면서도 아무런 조치도 하지 못하는 것과 동일한 심리다. 짧은 시간 동안 이런 상태까지 갔다면 분명 피해 여성의 심성이 약하고 여성에게 폭력적 상황에 대처할 수 없는 취약성이 있음을 상대가 간파했을 가능성이 크다. 소위 만만한 싹을 본 것이다. 피해자의 주변에 부모나 가족 등 도움을 줄 수 있는 사람이 없는 상황이었을 수도 있다.

어쨌든 이런 상황에서 빨리 빠져나오지 않으면 인생을 망친다. 만일 이런 남자와 결혼을 하면 평생 매 맞는 아내가 되고 말 것이다. 그렇게 되기 싫다면 일단 폭력상담소를 찾아가서 대책을 마련하고 무엇보다 한시라도 빨리 헤어져야 한다. 서로 사귀었던 기간이 오래될수록 이별할 때 공격성이 증폭될 수 있다. 남자는 자신의 행동은 잊어버린 채 배반에 좌절하고 분노한다. 사귀어왔던 여성의 거부를, 그저 자신에 대한 배반으로 해석하고 그 책임을 상대에게 돌린다. 엄청난 좌절은 분노를 일으키고 분노는 폭력으로 이어지는 것이 바로 좌절-공격 이론이다.

더 알아보기

● 폭력의 전수 개념

사회적 학습이론에 의하면 인간의 공격성을 결정짓는 가장 강력한 요인은 문화다. 문화는 사회 구성원의 공격성과 과격성의 정도를 결정한다. 인간 공격성은 사회적, 문화적 요인에 의해 많은 영향을 받는다. 공격성을 일으키는 장기적 요인 중 가장 중요한 것은 어린 시절의 사회화Socialization다. 어린 시절의 사회화를 통한 규범 습득은 주위 어른, 특히 부모의 선택적 강화와 본보기에 의해 결정된다. 개인이 한번 획득한 장기적 규범은 비교적 지속적이다. 개인에게 일생 동안 변하지 않고 남아 있는 경향으로 폭력의 전수 현상 등이 대표적인 것 이다.

사회적 학습이론에서 설명하고 있는 공격적 행동 원리는 공격적 모델에 대한 관찰을 통해 습득되거나 직접적 경험을 통해 이루어진다. 학습의 최초 단계에서는 관찰이 중요하나 최종 단계에서는 강화가 필수적이다. 그래서 폭력적 상황을 단순히 관찰한 아동이 반드시 유사한 공격 행동을 하지 않는다. 만일 아동이 모델로 삼고 있는 대상이 공격 행동을 한 후 즉각적인 처벌을 받는 모습을 관찰하게 되면 따라 하지 않는다. 그러나 공격 행동을 한 이후에도 처벌받지 않거나 지속적으로 공격 행동하는 모습을 관찰하면 적어도 아동에게는 주기적 강화 요인이 된다.

폭력을 통해 문제를 해결하려는 사고방식은, 당사자가 힘이 없던 어린 시절 주위에서 폭력 현장을 목격했거나 폭력의 전수를 통해 폭력의 효과를 확인했을 때 형성되었을 가능성이 높다. 일단 폭력을 쓰고 난 후 사랑하기 때문이라는 이유를 대는 것이 일상적이며, 피해자도 이를 수용하면 둘의 관계는 폭행과 폭행 피해 메커니즘의 장기적 관계로 돌입한다. 이런 분위기를 수용하다가 50년 동안 폭력에 시달려 인생이 거의 망가진 70~80대 여성들도 있다. 평생을 두들겨 맞으면서 살 자신이 있는가? 없다면 바로 헤어질 마음의 준비를 하고 이를 결행하라. 동정심에 낙타가 텐트 안으로 들어오는 것을 허용하면 얼마 가지 않아 텐트가 찢어지게 될 것이다.

작은 폭행을 눈감아주면 더 큰 폭행으로 이어지고, 빈도가 더 잦아질 것이다. 장기간 가정폭력에 노출되어 있는 매 맞는 아내의 특징은 스스로 자존감을 떨어뜨리는 것이다. 장기적으로 폭력을 당하게 되면 때리는 상대의 잘못이 아니라 자신의 잘못 때문에 맞는 것이라고 생각하게 된다.

<><><><><><><><><><><><><><><><><><><><><><><><><><><><><><><><><><>

성관계로
통제력을
과시하려는 남자

Q 친구들과 이별 상담을 하다 보면 여자친구를 성적 대상으로밖에 보지 않은 남자들이 있다는 느낌을 받는 경우가 있습니다. 처음 성관계를 하고 나면 대부분의 남성들은 그 후부터 당연히 성관계를 하는 것으로 생각합니다. 여성이 싫다고 분명히 거부 의사를 밝혀도 집요하게 성관계를 요구하는 남자들의 심리는 뭘까요? 여성에게는 성관계가 사랑의 지표는 아닌데 말입니다.

다음과 같은 사례가 있다.

대학리그 농구선수인 A는 여자친구인 B와 데이트를 하고 함께 집에 돌아가던 중 B에게 한 상가 화장실로 들어가 성관계를 하자고 했다. B가 거부하자 A는 B의 머리채를 잡고 흔드는 등

172

완력을 행사하여 유사 성행위를 강요하였다.

남성들은 일단 여성과 성적 관계가 있으면 상대 여성의 심리를 전혀 고려하지 않고 상대를 어느 정도 통제할 수 있다는 생각을 하기 쉽다. 남성의 마음속에는 이미 몸을 허락한 사이이니 이제 자기 마음대로 여성을 휘두를 수 있다는 잘못된 생각이 자리 잡는다. 이 사례 또한 성적 행위라는 강력한 무기를 통해 여성을 완벽하게 통제하고 소유할 수 있다고 생각하고, 이를 확인하기 위해 무리한 성적 행위를 강요한 것이다.

일부 남성들은 성적 행위가 이루어지는 장소가 남들에게 들키기 쉬운 장소일수록 자신감과 스릴을 느낄 수 있다고 여긴다. 위험한 장소에서 여성이 꺼리는 것에 아랑곳하지 않고 성행위를 강행하는 것 자체를 성적 주도권을 갖는 것, 상대를 완전히 통제하는 것이라고 생각한다.

폭행을 한 직후 성적 관계를 맺음으로써 여성에게 수혜를 베풀었다고 생각하고 폭행 이전의 상태로 돌아갈 수 있다는 잘못된 생각을 하는 남성들도 많다. 성관계를 폭행 이전 상태, 즉 잘못을 저지르지 않은 상태로 돌려놓는 좋은 수단으로 생각하는 것이다. 여성이 이에 거부의사를 밝히는 것은 자신의 통제 의도에 정면으로 도전하는 것이므로 남성의 분노를 폭발시킨다.

또 자신의 의지를 관철하기 위해 시간과 장소를 가리지 않고 기회만 되면 병적으로 집착하는 경향도 나타난다. 이때 자신의 요구에 상대가 즐거운 듯 응해야만 만족한다. 이들에게 성관계란 사랑의 확인이라는 명목하에 단지 상대 여성을 통제하는 수단으로 사용될 뿐이다.

자신을
파멸로 이끈
복수극

Q 예전에 사귀던 남자친구가 자신과 결혼하지 않으면 죽이겠다고 한 적이 있습니다. 요즘도 가끔 그 말이 생각날 때면 정말 섬뜩한데요. 그때 남자친구는 본인이 가질 수 없으면 다른 사람도 가질 수 없게 망쳐놓겠다는 말을 입버릇처럼 했습니다. 남자들의 이런 생각 때문에 범죄가 발생하는 거겠지요? 도대체 이런 생각은 어디에서부터 나오는 건가요?

다음의 사례를 보자.

서른네 살 남성 A는 초등학교 교사인 20대 여성 B와 6개월 전부터 연인관계에 있었다. 그러나 B가 다른 남자와 만나면서 A에게 헤어질 것을 요구했다. B와 결혼까지 생각하고 있던 A는 갑자기 B가 자신과 헤어지고 다른 남자와 결혼한다고 하자 참을 수가 없었다. A는 분노를 억누르지 못하고 인터넷 채팅사이트에서 알게 된 대학생 C에게 자신의 옛 애인을 성폭행하는 대가로 500만 원에서 1,000만 원을 주겠다고 하며 범죄에 가담할 것을 제의했고, 곧 범행을 계획했다. 이들은 배달부로 위장하여 B의 집에 침입한 후 B와 B의 여동생을 강간하였다.

이 사례는 이별에 대한 복수를 위해 인터넷 채팅을 통해 제3자를 끌어들여 옛 애인의 여동생까지 성폭행을 한 매우 치밀한 계획범죄다.

아무리 결혼을 전제로 만났다고 해도, 결혼이 결정되어 있는 것은 아니다. 그래서 사귀는 기간을 가지는 것이다. 그 과정을 통해 상대가 배우자로서 적격인지 탐색을 하고, 서로 확신이 들면 합의하에 결혼을 결정한다. 그런데 상대의 마음이 어떻든 상대를 포기하지 않겠다는 일방적인 결심을 한다면 문제가 발생된다.

앞의 사례는 좋은 짝이라고 생각했던 상대 여성이 마음대로 따라와 주지 않자, 이를 수용하지 못하고 잘못된 행동을 한 상황으로 해석할 수 있다. 만약 사귀는 동안 성적 관계가 있었다면 남성은 더욱 잘못된 판단을 하게 되었을 가능성이 크다. 또 자신을 거부하는 여성에 대한 원망과 다시는 이렇게 좋은 상대를 만나지 못할 거라는 초조감이 행동을 조급하게 만들었을 것이다. 처음에는 여성의 마음을 돌려보려는 노력을 많이 했을 것이나 그러면 그럴수록 여성은 더욱 부담스러워했을 것이다.

분노는 결국 복수로 이어지고 급기야 두 자매를 모두 성폭행하여 파멸에 이르게 하겠다는 악마적 생각이 남성을 지배했다. 남성은 그 순간 이성을 잃고 자신을 포함한 네 사람의 운명을 모두 구렁텅이로 몰아넣었다.

사랑이라는 이름 아래 복수에 눈이 멀어 파멸의 구렁텅이로 굴러떨어진 사람들의 이야기는 동서고금을 막론하고 회자되는 레퍼토리이다. 지금도 이 레퍼토리는 진행 중이다.

자살 협박
앞에서

Q 헤어진 전 남자친구가 자신을 만나주지 않으면 죽어버리겠다고
하며 불안감을 형성하고 협박을 한 일이 있었습니다. 저 때문에 너무
힘이 들고 죽고 싶은 마음뿐이라고 하는데 도무지 신경을 끌 수가 없
었는데요. 이런 경우 어떻게 대응해야 하는지 궁금합니다. 죽든 말든
무시하는 것이 상책인가요?

헤어진 뒤 만나주지 않으면 죽겠다고 자살 소동을 벌이는 사람의
행동은 마치 거부당한 어린아이가 땅바닥에 뒹굴며 엄마의 눈치를
살피는 것과 유사하다. 만나주지 않으면 자살하겠다는 협박을 자
주 하는 사람이라면 정말로 죽을 마음보다는 죽는다는 극단적 상
황을 통해 여성에게 심적 부담을 줘 자신에게 돌아오게 하려는 마
음을 갖고 있을 가능성이 있다. 그럴 때마다 상대 여성이 놀라거나
관심을 가져주면 그 사람은 그것을 통해 성취감을 느낀다.

상대를 죽이겠다는 것은 협박죄에 해당하지만, 자신이 죽겠다고 이야기하는 것은 상대의 동정심을 사려는 생각일 뿐 범죄는 아니라고 여길 것이다. 또 이러한 메시지를 지속적으로 받는 여성은 엄청난 죄책감과 스트레스를 받을 거라고 예상할 것이다.

상대는 이러한 메시지를 남길 때 여성의 반응을 관찰한다. 그리고 자신의 행동에 상대 여성이 어떤 반응이라도 보이기를 간절히 바란다. 그런데 만일 아무런 반응을 보이지 않는다면 더는 이 방법이 들어먹지 않는다는 사실을 깨닫고 포기할 수 있다.

그러므로 만일 헤어지겠다는 결심을 했을 경우에는 반응을 하지 않아야 한다. 반응을 보이면 보일수록 질질 끌려다닐 가능성은 매우 커진다. 만일 이전에도 반복적으로 반응을 보여왔다면, 앞으로도 남성은 횟수와 강도를 변화시키면서 목적을 달성할 때까지 죽는다는 소리를 계속하게 될 것이다.

이별에 대한
온도 차이

Q 이별을 인정하지 않고 계속 연인관계에 있는 것처럼 행동하는
남자들이 있습니다. 둘 중 한 사람의 마음이 변하면 연인관계는 끝나
는 것인데, 왜 받아들이지 못하는 걸까요?

관계에 대한 인식 차이가 있기 때문이다. 여성은 관계에 대해 이
성적으로 인식하는 반면, 남성은 이기적이고 감정적으로 인식한
것이다. 이러한 인식 차이가 심할 때는 다음과 같은 극단적인 사건
이 발생하기도 한다.

20대 남성 A는 경기도 화성에 위치한 회사 기숙사 아파트에
몰래 침입해 잠들어 있는 20대 여성 B의 얼굴과 머리를 둔기
로 수차례 내려쳐 무참히 살해했다. A는 피해자가 자신의 여자
친구라고 말했으나 피해자의 지인들은 모두 남자친구가 아니

었다고 말했다. 두 사람은 직장동료로 지난해 잠시 연인으로 지내다 헤어진 사이였다. 최근 들어 A가 다시 만남을 요구했으나 B가 거절하자 사귀던 중에 몰래 알게 된 기숙사 현관 비밀번호를 이용해 방 안에 침입해 이 같은 범죄를 저지른 것이다.

남성은 여자친구를 자신의 소유물이라고 생각해 소유권을 주장한 것이고, 여성은 단지 사귀려다가 그만둔 사이라고 생각한 것이다. 엄연한 인식 차이가 존재한다. 이별범죄라고 명명되는 사건에서 남자 범죄자는 모든 것을 자기에게 유리한 대로 해석하고 행동한다는 특징이 있다. 이성적이고 논리적인 생각보다는 감정적이고 비논리적인 대응에 꽂혀 있다. 그들은 상대가 아무리 헤어지자고 해도 들어먹지 않는다. 그저 다시 사귀겠다는 이야기만 들으려고 할 뿐이다. 또한 이성에 대한 실득이 소용없음을 인식하는 순간, 그들의 범죄 머리는 한 곳을 향해 치닫는다. 완력으로 목적을 달성하면서 복수하는 것이다.

한편 이별 이후 남성이 술을 마시고 전화를 하는 경우가 있다. 여성들은 안쓰러운 마음에 다시 사귀지는 않지만 받아주곤 하는데, 그런 행동은 옳지 않다. 술의 힘을 빌려 전화를 하는 것은 남녀관계를 끌고 가는 데 미숙한 남성의 대표적인 행동이다.

스토킹과 이별범죄는 같은 맥락이다. 둘 다 일방적 집착에 뿌리를 두고 있다. 인간심리의 중심에는 애착attachment이 자리 잡고 있

다. 애착은 대인관계와 감정인지 행동에 폭넓은 영향을 미친다. 애
착은 상대에게 위로나 지지를 얻기 위해 어떤 행동을 하면 상대가
그 행동에 반응해줄 것이라는 기대와 믿음에 기인한다. 이러한 기
대와 믿음이 깨졌다고 느낄 때 상대에게 복수하려는 마음이 생길
수 있는 것이다.

잘못 끼워진
단추

Q 처음에는 좋다고 따라다니던 사람이 한순간에 폭력 가해자로 돌변하여 생명까지 위협하는 일이 종종 발생합니다. 이런 일을 방지하기 위해 상대방의 집착 성향을 미리 관찰할 수 있는 방법이 있나요? 또 집착 성향이 강한 남자를 현명하게 떼어놓을 수 있는 방법은 없을까요?

좋은 모습만 봐서는 사람을 잘 알 수 없을 것이다. 실제로 순진하게만 보였던 제자가 폭력적으로 돌변한 사례들이 있다.

고등학교 3학년이던 A는 자신의 영어교사 B를 좋아하는 마음에 쫓아다니기 시작했다. A의 끈질김 덕에 둘은 다음 해부터 잠깐 교제를 했다. 그런데 교제 중에 A가 "왜 성관계를 해주지 않느냐"며 B에게 욕설을 하고 뺨과 머리를 수차례 폭행했다.

자신에게 과도한 집착을 보이는 것이 두려웠던 B는 A에게 그만 만나자고 했는데, A는 이를 거부하고 계속 만남을 강요했다. 5년 동안이나 B에 대한 집착을 버리지 못한 A는 지속적인 스토킹 끝에 결국 B의 집에 침입했다. 이 과정에서 A는 자신의 손목과 발목을 자해한 사진과 "창문을 타고 집에 들어간다. 망치 들고 간다"는 등의 메시지를 B에게 보내기도 했다. 경찰에 검거된 후에도 A는 B에게 "어떻게든 복수할 거다. 나는 네 말 한마디 때문에 여기까지 왔다"는 메시지를 보냈다.

이 경우 제자가 집요하게 만남을 요구한다고 해서 잠깐이나마 교제의 분위기를 풍긴 것이 애초에 잘못 끼워진 단추라고 말할 수 있다. 둘 사이는 이미 사제관계가 아닌 연인관계로 발전했다. 남학생의 머릿속에는 여성이 스승이라는 생각은 전혀 없고 연인으로만 인식되어 있다. 따라서 연인으로서 성적으로 접근하여 관계를 발전시키려다가 거부를 당하자 분노를 느낀 것이다.

제자의 태도가 불분명할 때는 분명히 선을 그어야 한다. 모호한 대응은 상대방의 주관적 판단을 더욱 강화시킨다. 이 정도 되면 남성의 입장에서는 잃을 게 별로 없지만 여선생은 평판과 체면이 깎이고, 젊은 제자에게 그런 빌미를 제공했다는 비난으로부터 자유롭기 힘들어진다. 이런 연령대의 남자는 매우 위험한 존재로, 살인을 저지를 가능성도 매우 크다. 처음부터 단추를 잘 끼울 일이다.

돈으로
해결할 수 있을까?

Q 헤어진 후에도 집요하게 괴롭히는 사람이 있었습니다. 어떤 수를 써서라도 떼어놓고 싶은 마음에 돈으로라도 해결을 해볼까 하는 마음이 들었는데요. 이런 방법이 유용하게 쓰일 수 있을까요?

돈이 문제를 깔끔하게 해결해줄 수 있을까? 다음의 사례를 살펴보자.

모 대학교의 CC였던 가해자 A와 피해자 B는 얼마간 사귀다 헤어졌다. 이후 B는 다른 남자친구를 사귀었고, A는 군입대를 위해 휴학을 했다. 그러나 그 상황에서도 A는 B에게 끊임없이 다시 만나자고 요구했다. 그러다 A는 B에게 돈을 주면 헤어져주겠다고 했고, B의 어머니는 A가 요구하는 액수의 돈을 마련해 보내줬다. 하지만 그 뒤에도 A는 B에게 계속 집착하였고 결국

B가 귀가하는 것을 따라가 원룸까지 오게 되었다. B가 경찰서에 신고하겠다고 말하자 A는 목을 졸라 질식시켜 살해한 후 휴대폰 충전기 줄로 B의 목을 감아 자살로 위장했다.

두 사람이 사귀다 헤어졌는데 돈을 주면 관계를 정리해주겠다는 요구가 합리적인가? 집 안에 있는 강아지도 사람을 보고 짖는다. 하물며 사람이야 오죽하겠는가? 피해자뿐 아니라 피해자의 어머니까지 순순히 돈을 보냈으니 가해자는 더욱 자신감을 얻어 기고만장했을 것이다. 말도 안 되는 제안을 했는데 그것을 수용했으니 말이다. 가해자는 이런 상황이 한편으로 허탈했을 것이다. 그래서 또다른 투정을 부리기 시작한 것이다.

가해자의 경우 평소에 피해자가 자기를 거부하면 살해하겠다는 생각을 하고 있었을 가능성이 크다. 일단 원룸까지 들어가게 되면 최소 성폭행을 당할 가능성이 크고 최악의 경우 살해당할 수 있다. 이전에 피해자와 가족들이 어처구니없는 요구를 수용했기 때문에 가해자는 피해자를 더욱 만만하게 보고 있었다. 그런데 원룸에서 경찰에 신고하겠다는 말을 하자 크게 자극이 된 것이다.

애초에 말도 안 되는 것은 절대로 받아들이지 말아야 더 큰 일을 당하지 않는다. 이별을 당하지 않으려는 남성의 전략은 피해자의 반응을 보면서 순간순간 수정된다는 사실을 명심하라.

은둔형
남자친구의 민낯

Q 여자들은 흔히 자기만 바라봐주는 남자를 원합니다. 그런데 저만 바라보는 것을 넘어 집착을 보이는 남자들이 있고 그것이 점점 더 심해지는 경우도 있는데요. 그런 남자들의 공통점을 생각해보면 하나같이 외골수적이라 주변에 사람이 많지 않았던 것 같습니다. 주변 사람이 어떠한지 살펴보면 사람을 판단하는 데 큰 도움이 될까요?

이른바 울산 두 자매 살인사건으로 알려진 안타까운 사건을 하나 살펴보자.

A는 전경 복무를 마친 후 B의 부모가 운영하던 울산 중구의 한 주점에서 B를 처음 만났다. A는 B에게 반해 같은 해 7월부터 5개월가량 주점에서 아르바이트를 했고, 아르바이트를 그만둔 뒤에도 B와 3년 동안 교제를 했다.

A는 B를 처음 만날 때부터 집착증세를 보였다. 전화 통화와 SNS 교류의 80~90퍼센트를 B와만 했으며, 쉬는 날에는 B만 만났고, 다른 사람에게는 별다른 연락을 하지 않았다. 그 밖의 시간에는 집에서만 생활했다.

그러다 A는 B에게 일방적으로 실연을 당했다. 화를 참지 못한 A는 회사에 무단결근한 뒤 부산의 안마시술소에서 성매매를 했다. 이어 울산으로 가서는 마트에서 흉기를 구입해 B와 여동생 C가 묵고 있는 숙소로 가서 자고 있는 두 자매를 살해했다. A는 여동생 C를 B로 오인해 습격한 뒤 현장을 빠져나갔다가, B가 지르는 비명을 듣고 다시 B를 죽이기 위해 침입해 신고를 하던 B를 참혹하게 살해했다. 이것이 사건의 전말이다.

범인은 세 살 때 부모가 헤어져 할아버지 집과 고모 집을 전전하며 살았다. 겉으로 보기는 온순하고 말을 잘 듣는 아이였다는데 그럴 수밖에 없었을 것으로 생각된다. 부모에게 돌봄을 받지 못하고 다른 친척들에게 맡겨진 아이가 온순하게 말을 잘 듣지 않으면 어떻게 현실에 적응할 수 있겠는가? 그래서 적어도 고등학교 때까지는 분노를 드러내지 않았을 것이다.

그러다가 작은 권력을 쥐게 되는 기회가 오자 범인은 서슴없이 자신의 민낯을 드러내기 시작했다. 군 입대 후였다. 상급자가 되어 후임병을 통제할 수 있는 작은 권력을 손에 쥐자 자신이 하고 싶은 대로 행동하기 시작했다. 특히 성적 욕구를 다른 사람들 앞에서 드러 내는 데 주저하지 않았다. 같이 전경생활을 한 후임병은 그가 외박 을 갈 때마다 성매매를 했으며 그 사실을 떠벌리듯 이야기했다고 전했다. 범인은 여성과의 성적 행위를 자신의 심리적 부족을 메워주 는 하나의 수단으로서 생각했을 수도 있다. 또한 범인은 아랫사람들 에게 매우 가혹했다. 기합을 줄 때면 얼굴에서 급소인 인중을 손톱 으로 긁어대는 등 특이한 잔학성을 드러냈다. 평소에는 잘 드러나지 않았던 폭력적인 성향이 내면에 자리 잡고 있었던 것이다.

이전에는 그런 욕구와 분노를 표출하기에 너무 힘이 약하다는 것 을 알고 있었기 때문에 자신을 숨기고 있었을 것이다. 그러나 권력 을 쥐게 되자 그는 그것을 다른 사람들에게 자랑스럽게 드러내는 것을 별로 부끄러워하지 않았다.

범인은 여자친구를 알고 난 후 처음에는 간이라도 빼줄 것 같이 잘 대해줬다. 여성의 부모를 포함한 식구들의 신뢰도 얻었다. 부산 에 있다가도 울산에서 문제가 생겼다는 소식을 들으면 택시를 타 고 울산으로 와서 문제를 해결해줄 정도였다. 범인은 사귀는 동안 자신이 여자친구에 대해 최선을 다했다고 생각했을 것이다. 그러 나 시간이 흐를수록 여자친구에 대해 애착을 넘어 강한 집착을 드 러냈다. 여자친구가 취업을 하여 직장동료 등 다른 사람과 자주 접 촉하자 집착이 병적으로 굳어져갔다.

여자친구가 집착에 부담을 느껴 거리를 두려고 하자 범인은 자신이 거부당하고 있다는 생각에 더욱 집착했다. 이 과정에서 자신이 여자친구와 그 가족으로부터 철저하게 이용당하다가 배신당했다는 생각을 하게 되었을 것이다. 자신을 버리려는 여자친구와 그 가족들에 대한 복수심이 끓어올랐던 것이다.

결국 이 사건은 여자친구뿐 아니라 자신에게 비우호적이었다고 생각해왔던 여동생까지 살해하는 처참한 결과로 이어졌다. 60일 이상을 도주하다가 검거된 범인은 웃는 모습으로 언론에 나타났다. 자신이 받을 처벌 정도를 20년 정도로 어림잡고, 석방되면 스마트폰이 어떻게 발전했을지 궁금하다는 등 엽기적인 언행을 하기도 했다. 이렇게 범행에 대해 전혀 반성하는 모습을 보이지 않다가 최종적으로 무기징역을 선고받았다.

현실적으로 이성의 자라온 환경이나 마음속 깊은 곳에 잠재되어 있는 심리를 파악하기란 쉽지 않다. 때문에 교제를 하면서 많은 대화와 평소의 행동, 주변 인물, 성장과정을 통해 상대의 내면을 관찰하는 것이 좋다. 주변 사람들에 대한 평가, 특히 폐쇄적 공간인 군대에서 어떻게 행동했는지 또는 동성 친구들이 그를 어떻게 평가하는지는 그 사람에 대한 비교적 정확한 정보이다. 얻어 들을 수만 있다면 이를 기초로 평소 행동과 대입해 판단해보는 것이 중요하다. 이것만으로 잠재적인 성향까지 다 알 수는 없겠지만 위험 가능성을 낮출 수 있는 최소한의 방법이기에 중요하다고 할 수 있다.

이별 테러

Q 헤어진 여자친구에게 염산을 뿌린 남자의 기사를 본 적이 있습니다. 그런 사람들은 왜 평생 고통을 주는 방법을 선택하는 건가요?

이별을 받아들이지 못해 상대에게 해를 끼치려는 범죄가 증가하고 있다.

A는 B의 이별 통보에 앙심을 품고 계획을 세웠다. 먼저 기절을 시켜 납치한 다음 피해자 얼굴에 염산을 뿌릴 계획이었다. A는 미리 염산 2리터와 전기충격기를 준비했다. 그리고 성탄절 전날 밤, 계획이 여의치 않자 B의 집 앞에서 케첩 용기에 담은 염산을 수차례 B에게 뿌렸다. 피해자 B는 오른쪽 눈 각막 일부가 손상되었고, 오른쪽 어깨에 3도 화상을 입는 등 전신에 크고 작은 화상을 입게 되었다.

사람이 상대의 눈빛을 보고 호감을 느끼는 것은 순간이다. 이성 간의 호감은 더욱 그렇다. 그래서 호감을 느끼려면 상대의 눈을 봐야 하고 그래서 얼굴이 중요한 역할을 한다. 얼굴은 인간관계를 맺는 데 첫 인상을 결정하는 부위이다. 특히 여성 자신에게 얼굴은 더욱 중요하다.

이별을 통보받은 남성이 여성의 얼굴에 칼을 대거나 염산을 뿌리는 행위는 여성의 상징적 부위를 결정적으로 훼손한다는 의도를 담고 있다. 자기를 거부한 여성이 그 얼굴과 눈빛을 가지고 다른 남성과 새롭게 사귀는 일을 하지 못하게 하려는 의도로 염산을 뿌린 것이다. 여성을 납치해 음부 주변에 자신의 이름을 새기는 행위와도 유사한 개념이다.

결국 이러한 남성들은 사랑과 소유의 개념을 처음부터 혼동하고 있었던 것이고, 상대 여성들은 남성의 이러한 면을 제대로 파악하지 못했던 것이다. 이들의 근본적인 심리는 자신이 가지지 못하면 파괴하려고 드는 본질적 보복심이다. 이런 종류의 인간은 죄책감을 중화시키는 기술을 가지고 있다. 자신을 배반했기 때문에 이에 상응하는 대가를 지불했을 뿐이라고 합리화할 것이다.

책임의 전가

Q 전 여자친구가 사는 아파트에 배관 수리공으로 위장해 침입하여 여자친구의 부모님을 잔인하게 살해한 뒤, 여자친구의 귀가를 기다려 감금하고 부모의 시신 옆에서 성폭행을 저지른 사건을 뉴스를 통해 접했습니다. 이런 경우는 사이코패스 사건이라고 볼 수 있나요?

이 사건은 복학한 남학생이 후배 여학생과 2개월가량 사귀었지만 폭력을 사용한 것이 문제가 되어 헤어짐을 통보받은 뒤, 복수심에 결국 두 사람을 살해하고 한 명을 불구자로 만든 사건이다.

동아리 총회장을 맡는 등 학교에서 활발한 활동을 하던 복학생 A는 평소 마음에 들었던 여자 후배 B와 사귀게 된다. 그런데 그에게는 나쁜 버릇이 있었다. 자신의 마음에 들지 않으면 주위의 약한 사람에게 폭력을 사용하는 습관이 있었던 것이다. A는 B에게도 폭력을 행사했고, 시간이 지나면 다시 용서를 비는 행위를 반복했다. 이러한 일이 반복되자 B는 부모님에게 이 사실을 알렸다. B의 부모는 A에게 찾아가 항의를 했으며, 이 사실을 알게 된 자신의 아버지로부터 강한 질책을 받았다. 결국 A는 B와 헤어지고 총회장직에서도 물러나게 되었다. 평소 아버지에게 강압적인 교육을 받아온 A는 자신의 부모를 찾아와 항의한 B의 부모를 원망하게 되었고 복수를 결심한다. 결국 B의 부모를 살해하고 B를 성폭행함으로써 한 가정을 파멸에 이르게 했다.

이 사건에서 주목되는 점은 자신이 한 행위에 대한 책임을 다른 사람에게 전가하는 심리이다. 직접적으로 질책을 받은 자신의 아버지에게는 무서워서 감히 대응할 수 없는 아들이, 폭력 사실을 아버지에게 알린 여학생의 부모를 원망하면서 발생한 것이다.

강압적인 가정 분위기에서 살아온 가해자는 군 입대 후에도 후임병을 폭행하는 등의 문제를 일으켜 처벌받은 전력이 있었다. 자기보다 약한 상대에게는 강하고 강한 상대에게는 약한 습성이 몸에 배어 있었던 것이다. 여성의 입장에서는 평소 과격한 언행을 하는 남성에 대해 박력이 있는 사람이라고 생각해 호감을 가질 수도 있다. 그러나 박력이 있는 것과 과격한 언행을 하는 것은 다른 것이다. 그것을 잘 구분해야 한다.

데이트 과정에서 폭력적인 면이 관찰된다면 상대와 교제를 계속

할 것인지 잘 판단해야 한다. 상대와 헤어지기로 마음먹었다면 감정을 지나치게 자극하지 않는 편이 좋다. 발생되는 모든 문제에 대한 책임을 상대에게 물으려는 마음의 자세가 되어 있는 남성은 이별 이후 모든 책임을 상대 여성에게 돌릴 수도 있다. 시간적 여유를 가지고 타이밍을 잘 맞추어 상대로부터 서서히 멀어질 준비를 하는 것이 중요하다.

일방적
이별통보의 위험성

Q 이별범죄는 대부분 일방적인 이별통보 때문에 벌어진다고들 하는데요. 사실 생각해보면 연인 사이에서 이별을 합의하에 하는 경우는 거의 없습니다. 이별할 때 집착 없이 깔끔하게 헤어질 수 있는 방법이 있을까요?

처음 사귈 때 두 사람이 서로 호감을 느끼는 경우는 있으나, 이별할 때 서로 합의하여 헤어지는 경우는 드물다. 남녀 간 모든 사귐에서 합의하에 이별이 이루어진다면 이별범죄라는 것은 존재하지 않을 것이다. 이별하기 전부터 서로가 싫증을 느껴 둘 다 헤어지는 것이 좋겠다는 생각을 하고 있는 상황에서 누군가 이별통보를 한다면 충격이 심하지 않을 것이다. 그러나 이런 경우는 흔치 않다.

일반적으로 남성이 싫증을 내 일방적으로 이별통보를 하는 경우 여성에 의한 이별범죄 발생 가능성은 낮다. 집착을 많이 하는 사람일수록 이별범죄를 저지를 가능성이 크다. 그렇다고 연인 간 합의에 의한 이별계약서를 미리 써놓는 일은 거의 불가능하다. 왜냐하면 서로 좋아하는 단계에서 계약서를 쓰는 것은 내키지 않는 일이니까 말이다.

따라서 남녀가 깔끔하게 헤어지는 일은, 남성이 이별 상황에 대해 수용하고 더 나은 사람을 찾을 수 있다는 생각을 가졌을 때 가능하다. 자신의 처지를 비관하지 않고 상대의 행복을 빌어줄 수 있을 때만이 완벽하고 깨끗한 이별이 가능한 것이다. 일방적으로 이별통보를 받았을 때의 충격에서 오는 후유증은 사람에 따라 몇 달, 몇 년이 갈수도 있고 심하면 결혼에도 영향을 줄 수 있다. 그러나 명심할 것은 처음 만난 사람과 결혼해 평생을 살아간 사람들은 전 인류에서도 아주 극소수라는 점이다.

이별통보는
공개된 장소에서

Q 최근 이별통보를 받은 뒤, 여자친구를 차에 태운 채 바다로 차량
을 돌진하거나 차 안에 감금하여 폭행하는 사례를 자주 접하게 됩니
다. 차량은 둘만의 공간이지만 집보다는 부담이 덜해 솔직한 이야기
를 마음껏 할 수 있는 공간이라 생각했는데, 이런 기사를 보면 차 안도
위험한 곳이라는 생각이 듭니다.

남편이나 남자친구가 운전을 하고 있을 때는 심기를 건드리지 않
는 것이 좋다. 평소에도 그렇게 해야 한다는 뜻이 아니라 다투더라
도 상대의 상태를 보고 다퉈야 한다는 거다.

운전대를 쥐고 있는 상황에서는, 대화도 중요하지만 안전이 최
우선이다. 운전 중에는 차선 변경이나 앞 차와의 거리 등 안전을
위해 수시로 신경 써야 할 것들이 많다. 그런 상황에서 옆 자리에
앉은 사람과 말싸움을 하는 것은 매우 위험한 일이다. 다투다가 큰

사고라도 난다면 작은 말다툼은 결국 아무 의미도 없는 것이 될 수 있다.

속도를 내고 달리는 상황에서 순간적으로 격분하면 정상적 이성이 가동하지 않을 가능성이 크다. 마치 총을 들고 있는 사람과 맨손으로 싸우는 격이다. 핸들을 돌려 차가 정상 도로를 벗어나는 순간 몰고 있는 차는 흉기가 될 수 있다. 이러한 사실을 알고도 조수석에서 같이 싸운다면 피해자 책임에서 자유로울 수 없다.

말다툼은 차를 세워놓은 뒤 카페에 앉아서 하는 게 좋다. 집 안에서 가스통을 터뜨리는 남자, 보복운전을 한다고 트렁크에서 야구방망이를 꺼내는 남자, 순간적으로 같이 강물로 뛰어들려는 남자 등, 이런 남자들에게는 공통적으로 자신의 충동을 통제하기 어려운 충동통제 장애의 경향이 숨어 있다.

다시 말하지만, 상대방이 운전대를 잡고 있을 때 섣불리 상대의 심기를 건드리는 일을 했다가는 상대방의 과격한 대응으로 인해 최악의 경우 목숨을 잃을 수도 있음을 유념해야 한다.

스토킹 및 이별범죄에 대한 심층분석

잘못된 애착으로 시작된다

애착은 정서발달의 핵심이 되는 요소이다. 인간 간의 근접성을 유지하려는 욕구로 두 사람 사이의 강한 정서적 관계에 필요한 친밀감과 애정이다.

인간에게는 어린 시절에 애착관계를 형성하는 것이 매우 중요하다. 유아의 주요 애착 대상은 어머니이지만, 꼭 어머니가 아니라도 초기에 지속적으로 접촉하는 사람에게도 강한 애착이 형성될 수 있다. 정신분석학적 개념에 기초를 둔 애착이론은 생후 1년 이내 유아와 그를 돌보는 사람(어머니, 보모 등)과의 애착의 질에 초점을 두고 있는데, 이는 차후 인지적·사회적 발달에 결정적 영향을 미치게 된다.

아기는 어머니와 함께 있기를 바라며 어머니와 상호작용하는 것을 즐긴다. 유아와 보호자 간의 관계를 통한 초기 애착은 유아의 차후 행동에 영향을 미친다. 유아가 다른 사람을 신뢰하지 못하고 분노를 느끼거나 저항하면 불완전한 애착관계가 형성된다.

애착과 대비되는 개념으로 분리separation가 있다. 분리는 애착이 방해를 받거나 애초에 애착을 형성할 수 없는 조건 또는 사건, 즉 이혼이나 부모의 사망으로 인해 생긴다.

대다수의 유아에 있어서 주요 애착 대상은 어머니다. 프로이드는 첫 번째 단계인 구강기를 통해 어머니의 젖을 먹는 행위로 자기만족을 얻을 수 있다고 했다. 유아에게 있어서 어머니란 첫사랑이며 가장 강한 사랑의 대상, 나중에 경험하는 모든 연인관계의 원형으로 전 생애에 걸쳐 불변하는 절대 우위의 유일무이한 존재이다.

그러나 유아가 어머니의 젖을 먹는 행위에만 의존하는 것은 아니다. 미국의 심리학자 할로와 수오미Harlow &Suomi는 갓 태어난 어린 원숭이를 어미와 격리시킨 뒤 우유로 키우는 실험을 했다. 그리고 새끼 원숭이를 두 종류의 모조 어미 원숭이가 있는 우리에 넣었다. 철사로 만든 모조 원숭이와 부드러운 우단 헝겊으로 만든 모조 원숭 중 어린 원숭이는 어디로 다가갔을까? 새끼 원숭이는 배가 고픈 상태에도 우유병이 꽂혀 있는 철사 모조 어미에게 가지 않고 헝겊 어미에게 안겼으며, 대부분의 시간을 헝겊 어미에게 매달려 보냈다.

이러한 연구 결과는 근접성이나 스킨십과 관련된 실험으로서 커다란 의미가 있다. 유아에 있어서 어미의 사랑이나 포근함이란 자신의 생명에 절대적으로 필요한 어미의 젖 이상의 의미를 지닌다. 인간은 단순한 허기 이상의 것을 원하며, 어떠한 희생을 치르더라도 다른 사람들과 연결되고자 한다는 것이다.

이 연구에서는 스킨십이 주는 편안함이 사랑의 본질적 요소로 파악되었으나, 동시에 움직임이나 얼굴 표정 역시 매우 중요한 영향 요소로 밝혀졌다. 그 이유는 헝겊으로 만든 어미 아래에서 성장한 원숭이들이 점차 매우 폭력적이고 반사회적인 성향을 띄어가는 현상이 관찰됐기 때문이다. 이를 기초로 스킨십이나 얼굴만이 아닌 움직임이 중요하다는 가설하에 움직이는 가짜 어미를 다시 만들어 실험을 했다. 그 결과 이러한 과정을 겪은 새끼 원숭이는 정상적으로 자랐다.

인간은 원숭이보다 더 영리한 동물이므로 자신의 수준에 맞는 적절한 반응을 보이지 않아 원숭이에게서 볼 수 있는 정상적 결과가 나오지 않을 수 있다. 하지만 이를 통해 우리는, 영장류에게는 비단 스킨십, 움직임뿐 아니라 놀이와 적절한 반응이 무엇보다 중요하다는 결론을 내릴 수 있다.

유형별 스토커 파헤치기

스토커라는 영단어는 '적이나 먹이에 살며시 다가가다. 사냥감을 찾아 돌아다니다'라는 뜻의 'skalk'를 인칭 명사화한 것이다. 스토킹은, 점찍은 상대에게 일방적이고 병적으로 집착해 따라다니며 괴롭혀서, 상대방을 신경증세에 시달리게 하거나 최악의 경우 살인이라는 결과도 가져올 수 있는 망상범죄의 일종이다. 스토커는 여성 중에도 있을 수 있으나 대부분이 남성이다.

피해자와의 관계를 중심으로 스토커를 유형별로 살펴보자. 먼저 무해형無害型은, 일방적으로 사랑하는 대상을 상상하면서 마음을 태우지만 그 상대와 구체적이고 실질적으로 교류하는 일은 적다. 나르시시즘이 변형한 것으로도 볼 수 있는데, 과거에는 이런 종류의 관념적인 사랑이 많았다. 사모하는 여성의 집 현관이나 학교 책상 속에 몰래 편지를 넣어 자신의 호의를 표시하는 정도로도 이루어져, 순진innocent형으로도 불린다. 이런 유형은 상대방으로부터 미움을 받더라도 일편단심으로 상대방을 계속 생각하는데, 상대의 반응이 시원찮으면 얼마 지나지 않아 포기하는 경우가 많다.

좌절애형挫折愛型은 스토커와 피해자 사이에 일정 기간 동안 교류가 있다가 피해자로부터 관계를 청산하자는 통보를 듣고는 스토킹을 시작하는 경우다. 상대로부터 거부당한 것을 참지 못하는 데다, 자신을 거절한 상대의 마음을 돌리고 싶고 애정관계를 지속하고 싶어 해 점차 집착으로 치닫는다. 이것은 점점 상해, 강간, 살인으로 발전할 수도 있다. 이 유형은 이별범죄에 주로 등장한다.

파혼형破婚型은 좌절애형과 같은 구조이나, 스토커와 상대 간 교류 기간이 좀 더 길어 법률상 혼인관계가 있었던 경우를 말한다. 이런 경우에는 파경 후 갈등이 더욱 심각하다. 따라서 살인 등의 중대한 파국에 이를 수 있다.

스타 스토커star stalker형은 매스매디어의 발달과 대중화로 유명 스타나 TV 캐스터에게 자신을 알리기 위해 접근했다가 상대에게 인정받지 못하거나, 자신의 요구가 이루어지지 않으면 사랑이 원한으로 변해 공격적이 되는 유형을 가리킨다. 유명인을 표적으로 삼으면 매스컴에 보도되어 자신 또한 유명해질 수 있다는 생각을 하기도 한다. 일종의 노출광적인 행동이다. 미국 캘리포니아 주에서 토크쇼를 진행하는 데이비드 레터맨David Letterman은 오랫동안 팬의 집요한 공세를 받아왔다. 이를 계기로 캘리포니아 주법에서 사상 최초로 '스토킹 방지법'이 제정된 것은 유명한 일화이다.

이그젝티브 스토커exactive stalker형은 의사, 교수, 회사 임원 등 사회적 지위가 높은 사람들에 대한 스토킹 유형이다. 계층이나 지위가 낮은 사람이 지위가 높은 사람에게 무시당했다고 느낄 때 스토킹이 시작된다.

스토커 대처 방법

스토커를 식별하는 방법이 있다. 스토커는 상대방의 이야기를 잘 듣지 않고 자기의 이야기만 하는 경향이 있다. 방금 했던 질문을 반복하고 갑자기 우는 등 튀는 행동을 하며 상대방을 감시한다. 별로 친한 사이도 아닌데 반지 같은 값비싼 선물을 주거나 프러포즈를 한다. 문자나 전화를 지속적으로 보낸다. 주변 사람의 고충을 앞장서 해결하거나 윗사람에 대한 배려도 각별해 주변에서 인정받고 출세하는 경우도 있다. 흑백논리로 이분법적 사고를 갖고 있다. 일단 화를 내면 자제력을 잃고 오래 지속된다. 남을 염탐하는 데 신경을 많이 쓰고 필요하다면 도청이나 쓰레기 뒤지기 등 극단적인 방법도 마다하지 않는다.

스토커에게는 분명한 태도로 거절 의사를 밝히고 질문에 대답을 하거나 화를 내지 않는 것이 좋다. 혹시 모를 소송과 고소에 대비하여, 스토킹과 관련한 사소한 증거 등을 확보한다. 평소 편지나 컴퓨터 통신상 등에 필요 이상의 개인 신상정보가 누출되지 않도록 한다. 도청장치 등에 대비하고 문단속을 철저히 한다. 스토커와 접촉이 가능한 모든 방법을 차단한다. 마지막에는 스토킹 피해 증거를 확보해 경찰에 신고하는 방법을 강구한다.

스토킹의 매커니즘과 스토커 심리

스토커의 마음속에는 기본적으로 거부에 대한 두려움과 불안감이 깔려 있다. 또 이로 인한 분노와, 그 분노를 해소하기 위한 폭력적 행동과 소유욕 또한 자리한다. 전쟁 중 군대가 후퇴를 할 때는 가지고 가지 못하는 모든 군수

물자를 불태우거나 못 쓰게 만든다. 적군이 군수물자를 재활용하지 못하게 하기 위함이다. 즉 내가 가질 수 없는 것을 아예 파괴하는 심리다.

스토커의 심리도 이와 동일하다. 스토커는 상대를 인간으로 인식하는 것이 아니라 물건으로 인식하고 소유하려는 경향이 있다. 인간을 물건으로 인식하는 것을 '물건화'라고 하는데 범죄자들에게 있어서 물건화 현상은 가장 보편적인 생각이다. 그런 의미에서 스토킹은 자칫 경범죄법에 의해 처벌받는 가벼운 범죄로 생각되나 범죄학적 측면에서는 매우 심각한 범죄다.

거부에 대한 두려움이나 불안감은 어디에서 비롯됐을까? 앞에서 이야기했듯 어린 시절 부모로부터의 거부가 있었을 것이다. 거부에 대한 불만을 이야기할 수 없는 상황에서 순순히 거부와 통제를 받아들일 수밖에 없었을 것이고, 그에 대한 좌절은 내면에 분노로 축적되어 오랜 기간 숙성되었을 것이다.

이런 생각이 오래 축적되어온 사람은 사귀는 여성이 자기를 거부하고 떠나가는 사실에 대해 생각의 유연성을 가질 수 없다. 남녀가 사귀면서 헤어지는 과정을 통해 성숙해진다는 의식이 전혀 없다. 그 대신 여성은 자신이 통제할 수 있는 소유물이며 사귀는 것은 자유이지만 헤어지는 것은 마음대로 할 수 없다는 생각으로 가득 차 있다.

힘이 약한 상대가 자신을 거부하는 것에 대해서는 속으로 열등감과 불안감, 두려움을 가지고 있다. 그러나 물리적 힘이 강한 자신을 거부하는 약한 상대의 행동은 지금까지 자신이 겪어왔던 상황에 비추어봤을 때 이해하기 힘들다. 자신의 경우 강한 상대로부터 통제를 받으면 수용하고 인내해왔는데, 약한 상대인 여성이 그렇게 하지 않고 오히려 거부하는 것을 참을 수 없는 것이다.

이들은 처음 만났을 때에는 간이라도 빼줄 정도로 잘 해주며 상대를 자신곁에 놔두기 위해 모든 정성을 다한다. 여성들은 이러한 면에 감동하여 마음을 준다. 그러나 점차적으로 상대를 통제하고 마음대로 조종하려는 경향이 금세 드러나기 때문에 여성은 두려움을 느끼게 된다. 그 과정에서 이들은 과도하고 비굴한 동정을 구하거나 자살한다고 협박하는 등의 행동으로 여성의 약한 마음을 조종하기도 한다. 시간이 흐르면서 한두 번 사용했던 자살 협박이나 눈물 등의 효과가 점차적으로 떨어지기 때문에 궁극적으로 폭력적인 방향으로 갈 수밖에 없다.

처음에 과도하게 잘해준다거나 동정을 구하는 행위, 자살 협박 등은 모두 여성을 자기 손아귀에 넣기 위한 초기적 접근 방법이었다. 주로 이러한 방법들은 주기적이고 반복적으로 이루어진다. 시간이 흐르면서 피해 여성의 두려움은 점차 커지고 남성으로부터 벗어나야겠다는 생각이 강해져 서로의 관계는 점점 악화된다. 특히 성적인 관계가 이미 있는 경우라면 스토커의 생각은 더욱 완고하고 고정적이 된다. 자신의 소유물이라는 생각이 머리를 지배하고 있는 것이다. 키우는 반려견이 이빨을 드러내고 주인의 손을 물어 피를 냈을 때 분노한 주인이 반려견에게 폭력을 가하거나 죽이는 심리와 유사하다. 힘이 강한 상대에게 복종하고 살아왔던 피해망상적 경험이 생각의 밑바닥에 깔려 있는 상태에서 판단하고 행동한다.

5장

불법촬영
범죄

은밀한 영상을
공유하다

Q 남자들이 호기심이나 장난으로 지인의 은밀한 부분을 몰래 찍
는 경우가 있는데, 왜 그들은 이것이 심각한 범죄라는 사실을 모를까
요? 더욱 심각한 문제는 본인이 찍은 영상을 지인들과 아무렇지 않게
공유하는 것이라고 생각합니다. 이런 철없는 행동을 하는 이유는 친
구들 사이에서의 우월감을 느끼고 싶기 때문일까요? 여자친구와의
관계를 소중히 여기고 지키려고 하기는커녕 친구들에게 자랑하는 것
이 남자라는 말을 들은 적이 있습니다.

직장동료나 지인을 몰래 찍어 다른 사람들과 공유한다는 것은 상
대를 그렇게 취급해도 된다는 잘못된 생각이 행동으로 드러난 것
이다. 다음의 사례를 보자.

A는 4년 동안 여섯 차례에 걸쳐 충북 진천선수촌 여자탈의실

등에 불법 카메라를 설치하고 여자선수들의 탈의 장면을 촬영했다. A는 각 범행마다 다른 남자선수들과 공모한 것으로 밝혀졌는데, 거기에는 국가대표 출신의 선수도 포함되어 있었다.

지인의 행동을 몰래 촬영하다가 자신의 행동이 드러났을 때 호기심 때문에 한 일이라거나 장난이었다고 변명하는 것은 하나의 도피수단에 불과하다. 자신이 찍은 은밀한 영상을 다른 사람들과 공유하는 행위를 통해 우월감을 느끼려는 것은 상대를 소중하게 생각하지 않는 행위이다. 여기에는 상대를 가벼이 보고 일회용으로 사용한 뒤 버려도 좋다는 생각이 깔려 있다. 진정으로 아끼는 사람에게는 그러한 행동을 하지 않는다.

남성들이 여성의 신체를 찍고 공유하는 심리는, 어떤 대상에 대해 우월감을 직접적으로 표현하기 어려울 때 여성이라는 만만한 상대에게 이를 전위시켜 성적 만족감을 얻으려는 심리와 유사하다. 이러한 행위는 그 의미를 확대해보면 내면에 도사리고 있는 복수나 처벌 의식과 연관된다. 전쟁 시에 일어나는 승전병사들의 집단윤간 행위와 심리적 맥을 같이한다. 그러한 행위를 주도하면서 동료의식을 느끼고 여성에 비해 강한 힘을 가지고 있다는 것을 실감하려는 것이다.

불법촬영 범죄의 주된 피해자는 여성이다. 가해자들은 공개 대상을 무한대로 확대하여 불법적 영상을 무차별적으로 퍼뜨리면서도 별다른 죄책감을 느끼지 않는다. 여성을 성적으로 취약한 대상으로 생각하기 때문에 도덕적으로 짓밟으며 심리적 공격성을 충족시킨다.

이런 과정을 통해 남성 간 유대감을 강화하고, 여성에 대한 지배감을 증가시킨다. 이러한 행위를 주로 하는 남성의 내면은 심리적으로 매우 취약하다. 또 공유를 통해 동일한 목표 대상과 관계를 가짐으로써 동료의식을 느끼고 자신의 존재를 확인하면서 집단행동의 충동을 지속시키고 싶어 한다.

직장 동료의
불법촬영

Q 같이 일하는 동료에게 불법촬영같이 수치스러운 범죄를 저지르는 것은 도대체 무슨 심리인가요? 스릴? 장난? 지인이기에 넘어가줄 수도 있다는 착각? 아니면 만만해서? 보통 어떤 생각으로 이런 범죄를 저지르게 되는지와 그런 사람을 구별해낼 수 있는 방법은 없는지 궁금합니다.

지인에 대한 불법촬영 행위는 엄연한 범죄행위다. 가해자는 자신의 행위가 들키게 되면 장난일 뿐이었다고 변명할 것이다.

국내 모 유명 뮤지컬 작품의 연출팀과 배우들은 지방 공연차 울산에 내려가 숙소에서 하룻밤을 보내게 됐다. 밤이 되자 이들은 방을 하나 잡아 늦게까지 술자리를 벌였다. 뮤지컬에 출연하던 남자배우 다섯 명과 여성스텝 여섯 명이 함께 술을 마시던 중, 화장실에 가 용변을 보던 여성스텝 A가 이상한 점을 발견했다. 욕조 위의 바가지 옆에 수상쩍은 형태의 수건이 놓여 있던 것이다. 자세히 살펴보니 놀랍게도 그것은 남자배우 B의 휴대폰이었다. 휴대폰은 카메라 부분을 제외하고 수건으로 감싸져 있었으며, 렌즈 부분이 화장실 좌변기를 향하도록 세워져 있었다. 휴대폰을 확인해보니 영상이 촬영되고 있었다. B 외에도 다른 여성스텝이 용변을 보는 장면도 찍혀 있었다.

지인을 목표로 한 행위는 모르는 사람에 비해 대상에 대해 더 구체적으로 알고 있다는 사실이 중요하다. 이미 알고 있는 사람에 대한 불법촬영 범죄는, 관음증 환자에게 환상을 통한 더 커다란 흥분을 줄 수 있다. 피해자는 피해 사실을 모르기 때문에 평상시와 같이 가해자를 대할 수밖에 없다. 가해자는 그러한 모습을 볼 때마다 피해자를 지배하고 조종하고 있다는 은밀한 심리적 우월감을 느낄 수 있다. 상대는 자신의 비밀을 모르지만 자신은 상대의 비밀을 알고 있다고 인식하기 때문이다.

가해자는 피해자와 마주치는 기회가 잦을수록 일상적 생활에서 상대를 조종, 통제하고 있다는 느낌을 더 크게 가지게 된다. 마치 투명인간처럼 한 사람의 은밀한 곳을 지켜보는 듯한 쾌감을 얻는 것이다. 상대의 일거수일투족과 비밀스런 부분을 알고 있다는 사실이 흥분과 스릴을 준다.

● **관음증**

성과 관련한 이상행동 중, 범죄와 가장 연관된 '성도착증Paraphilia'의 한 종류이다. 성도착증 종류에는 노출증, 관음증, 물품음란증, 마찰도착증, 소아기호증 등이 있다.

● **〈정신 장애 진단 및 통계 편람 제5판〉에 따른 관음증 진단 기준**

1. 옷을 벗고 있거나 성행위를 하고 있는 발가벗은 사람(이 사람은 전혀 눈치 채지 못한 상태)을 관찰하는 행위를 중심으로, 성적 흥분을 강하게 일으키는 공상, 성적 충동, 성적 행동이 반복되며, 적어도 6개월 이상 지속된다.

2. 이러한 공상, 성적 충동, 행동이 임상적으로 심각한 고통이나, 사회적, 직업적, 또는 다른 중요한 기능 영역에서 장해를 초래한다.

◇◇◇

화장실
불법촬영 카메라

Q 공중화장실 변기에 카메라를 설치하여 배설하는 장면을 촬영해
보는 사람들이 있다고 들었습니다. 그런 장면을 왜 보려고 하는지 도
무지 이해가 안 됩니다. 왜 그러는 건가요?

세상에는 별의별 사람들이 있다. 보통 사람의 생각으로 전혀 이
해를 할 수 없는 범죄를 저지르는 사람들은 도대체 왜 그러는 것일
까? 다음의 사례를 보자.

A는 지난달 오전 화장실에 가는 동료 여교사를 뒤따라 들어가
칸막이 아래를 통해 용변 보는 모습을 자신의 휴대폰으로 촬영
했다. 조사 결과 A는 인기척이 나지 않게 하려고 미리 신발을
벗은 뒤 화장실에 따라 들어가는 등 치밀하게 준비했다. 그러
나 다행히도 화장실에서 이상한 낌새를 느낀 여교사에게 범행

이 발각됐다.

남자아이들은 사람들이 어떻게 태어났는가에 대하여 관심이 많다. 아기가 어디에서 나오는지 어른들에게 자주 질문하기도 한다. 그런데 아이들이 성기나 출산에 대한 질문을 하면 어른들은 묵살하거나 오히려 질책하기도 한다. 이렇게 질책을 당한 아동의 경우에는 자라서 성을 죄악시하게 될 가능성이 크다. 성에 대해 지나치게 터부시하고 더럽고 잘못된 것이라는 인식을 심어주면 아이는 반사적으로 더욱 성기에 관심을 가질 수 있다.

남성들은 시각적 자극에 쉽게 반응한다. 주로 남자들이 불법촬영 범죄를 저지르는 이유다. 특히 관음증 환자는 강박적으로 타인의 성행위, 배설행위 또는 나체 엿보기를 좋아하거나, 이를 보면서 성적 만족을 추구한다. 그래서 여성의 용변 보는 모습을 촬영하여 보관하기를 선호하는데, 여성이 용변을 보기 위해 스스로 옷을 내리는 사실에 흥분한다. 여성의 옷을 강제적으로 내리게 한다면 강간범이 될 수도 있다. 그러나 관음증 환자는 그럴 이유나 필요가 없다. 여성이 스스로 옷을 내리는 장소인 화장실에서 훔쳐보거나 카메라를 설치해 그 영상을 확보하는 편이 훨씬 더 안전하다는 사실을 그들은 알고 있다.

지방자치 단체에서 유동인구가 많은 곳을 중심으로 불법촬영 카메라를 찾아내는 '여성안심보안관'을 운영하기도 하지만 이것은 근본적인 예방대책이 될 수 없다. 여성 스스로 평소에 경계심을 늦추지 않을 필요가 있다. 이를테면 공중화장실에 갈 경우 옷걸이나, 액자, 화재감지기 등을 유심히 살펴보는 것이다. 옷걸이나 액자에 옷을 걸어두는 등의 방법으로 간단히 피해를 막을 수도 있다.

음란물의
위해성

Q 남성이 음란물을 보는 것에 대해 관대한 입장이었는데 얼마 전 남자친구 때문에 생각이 바뀌었습니다. 남자친구의 컴퓨터에서 음란물 폴더를 발견하여 살펴봤는데, 평소와 다르게 거칠고 이상한 행동을 한 날과 음란물을 다운받은 날이 대부분 겹치는 것을 확인할 수 있었습니다. 진짜 멀쩡한 사람이었는데 왜 이렇게 되었는지 모르겠습니다. 음란물에 빠져서 변한 것일까요? 음란물을 보는 남자는 모두 이상한 사람인 건지 궁금하기도 합니다. 결혼 등으로 깊은 관계가 되기 전까지는 이런 사람인지 알아채지 못하는 경우도 많다는데, 정말 알아챌 수 있는 방법은 없나요?

음란물 문제는 굉장히 심각하다. 상대의 동의 없이 불법으로 촬영하여 유포하는 경우가 많기 때문이다. 다음의 사례를 보자.

IT 중견기업 차장인 A는 기존의 음란물에 식상함을 느끼고 고가의 촬영장비를 직접 구입했다. A는 서울 동작구에 있는 자신의 오피스텔에 소형 장비를 설치한 뒤 채팅앱을 통해 연결된 성매매 여성 열두 명을 각각 자신의 오피스텔로 유인한 다음 그들의 동의 없이 성관계 장면을 촬영해 음란사이트에 유포하고 판매하였다.

인간은 모두 성에 관한 환상을 가지고 있는데, 남성이 여성보다 심하다. 남성은 음란물을 통해 성적 환상을 충족하고 흥분하며 성행동을 강화시킬 가능성이 크다. 음란물은 현실적으로 경험하기 어려운 성적 환상을 대신할 수 있다. 성적 행위섹스(혹은 특정인)의 대용품 구실을 할 수도 있다. 성적 욕구의 안전한 탈출구를 제공하는 효과가 있다.

지속적인 성적 환상의 결과 어린 시기에 형성된 성적 기호는 특별한 계기가 있지 않은 한 교정하기가 어렵다. 특히 소년들은 성년이 되는 과정에서 아버지와 성적 문제 등에 대해 이야기를 나누는 것이 필요한데, 현실적으로 쉽지 않다. 주로 또래 친구들과 주로 이야기하기 때문에 그 과정에서 성적 환상이 왜곡될 수 있다. 성적 상상의 나래를 펼 때는, 주변의 여성들, 연상의 여인, 친척, 가족도 성적 탐구의 대상이 될 수 있다. 그러나 성숙이 진행되면서 성욕은 차츰 자신에게 어울리는 동년배 여성으로 귀착된다. 가족에 대한 성적 감정 금지^{Taboo}를 터득하게 되는 것이다. 그러나 적절히 제어되지 않으면 근친상간이 발생할 수도 있다.

사춘기 소년들의 상상 속에 등장하는 가상의 여성 이미지는 매우 강렬하다. 상상의 기간이 길어지면 중독 증세를 보이기도 한다. 이러한 과정에서 왜곡된 성 개념에서 탈피하는 것은 매우 어려운 일이 되고 만다. 음란물을 통한 공상이 건전하지 않은 이유는 그 공상이 실제가 아니기 때문이다. 그러므로 현실을 피해 공상의 세계로 도피하는 것은 현실에서의 남녀가 누려야 할 온전한 경험이 주는 친숙감을 방해한다. 그리고 중독성이 있으므로 노출이 되면 될수록 더 많은 양, 더 많은 자극이 있어야 쾌락을 느끼게 된다.

만일 현실적으로 상대가 있으면 그 대상에 대해 직접적으로 적용시켜보고 싶어지므로 종종 현실적 행동으로 전환된다. 현실적 행동으로 전환될 경우에는, 상대가 변태적이라고 느껴 성직인 트러블을 일으킬 수 있다. 만일 정상적 파트너가 이를 지속적으로 거부하면 평소에 가지고 있던 공상을 구체화하기 위해 범죄행동으로 이어질 수 있다.

성범죄를 저지르는 사람 중에는 정상적인 결혼생활을 하면서도 또 다른 환상을 찾아 다른 곳에서 자신의 욕구를 충족시키기 위해 변태적 행동을 하는 경우도 있다. 그렇게 되면 결혼 생활이 파탄에 이르기도 한다. 그러므로 만일 상대의 취향이 변태적 경향을 띤다는 사실을 알게 되면 깊게 빠지기 전에 분명한 태도를 밝힐 필요가 있다. 음란물 중독에 의한 변태적 행위는 시간이 흐를수록 정상적 결혼 생활에 지장을 줄 수밖에 없기 때문이다.

또래 무리와의 공동체 의식 때문에 스스로 자신의 성욕구를 조절할 수 있는 능력을 가지기 전에 음란물을 접하는 경우가 종종 있다. 주변에 의도치 않은 음란물 중독으로 문제가 있는 친구나 가족, 애인이 있다면 음란물 중독 치료 프로그램을 권해보는 것도 좋겠다.

더 알아보기

● **불법촬영 카메라의 종류와 대처**
카메라의 초소형화로 모든 물품에 장착이 가능하다는 점이 문제이다.
1. 휴대형: 모자, 라이터, usb, 구두, 안경, 시계, 단추, 가방, 보온병, 자동차 키, 만년필 등
2. 설치형: 벽걸이 시계, 화재 경보기, 옷걸이 등

● 밀폐된 공간에서 이상한 뭉치, 미세한 홈, 반짝거림이 발견된다면 사용을 멈춘 후 신고하는 것이 바람직하다.

공공장소에서의
불법촬영

Q 지하철 앞좌석에 앉은 남자의 스마트 폰 카메라가 자꾸 제 다리로 향하는 느낌이 들었습니다. 어색하게 저의 눈치를 보기에 확신이 들어 핸드폰을 보여달라고 했는데요. 남자는 자신의 개인 정보가 담겨 있기 때문에 보여줄 수 없다고 한 뒤 스마트폰을 조작하기 시작했습니다. 실랑이가 오가는 중에 다른 분들이 도와줘서 직접 핸드폰을 확인했는데 사진은 없었습니다. 이 남자는 욕을 하며 급히 내려버렸는데 옆에 있던 여자분이 자기가 촬영하는 것을 봤다면서, 차마 무서워서 말을 못했다고 합니다. 이런 경우 증거가 없으니 신고할 수 없는 건가요? 현행범으로 잡혀야 처벌할 수 있는 거겠죠?

일단 남성이 자신을 찍고 있다는 느낌을 들면 바로 문제를 제기해야 한다. 이때는 과감하게 소리를 질러 다른 사람들의 관심을 끌어야 한다. 쉽지 않은 일이지만, 요즘은 불법촬영과 관련된 보도가 많아져 주변 사람들 중에 도와주는 사람이 이전보다는 많이 늘어났다. 가능하다면 주변 사람들의 도움을 받는 것이 좋다.

불법으로 촬영을 하는 사람은 최대한 자신의 의도를 노출시키지 않기 위해 다양한 방법과 장비를 사용한다. 스마트폰을 이용해서 찍는 경우는 의도적으로 장비를 구입하여 촬영하는 사람보다는 상대적으로 우발적일 수 있다. 그러나 장비를 소지하고 있는 것이 적발되었다가는 변명의 여지가 없기 때문에 평소에 휴대하는 스마트폰을 이용하는 사람들도 있다. 또한 자연스럽게 몸을 촬영할 수 있고, 혹시라도 누군가가 문제제기를 하면 바로 삭제를 할 수 있다는 장점(?) 때문에 스마트폰을 이용한다. 참고로 지워진 사진이나 동영상은 경찰에 신고하면 복구할 수 있다.

여성의 입장에서는 심적 부담 때문에 신고하는 것이 쉽지 않을 것이다. 그러나 만일 상대가 불법적인 촬영을 한 것이 확실하다고 생각되면 경찰에 바로 신고해야 한다. 자동저장 기능을 이용하게 되면 그 자리에서 삭제를 하더라도 해당 파일을 찾아 범죄사실을 증명할 수 있다.

A는 지난해 오전 8시경 명지대역에서 강남역 방향으로 가는 용인 경전철 안에서 좌석에 앉아 있던 여성의 다리를 휴대폰으로 10여 차례 촬영했다. 피해자의 제보로 A의 휴대전화를 복원한 결과 휴대전화에는 여성 20명의 불법촬영 100여 장이

더 있었다.

　이와 같이 여성의 적극적인 신고로 범죄를 밝혀낸 경우도 많다. 설사 증거가 곧바로 발견되지 않는다고 해도 상대의 수상한 행동 때문에 신고를 한 일은 별다른 불이익을 받지 않는다.

　늦은 시각 이용객이 거의 없을 때 전철과 같이 마주보고 앉는 곳에서 술에 취해 다리를 벌리고 잠들면 이러한 피해를 당할 확률이 매우 커진다. 실제로 그런 상황을 보게 되면 평소 불법촬영에 대한 환상을 가지고 있는 남성의 경우 좋은 기회가 왔다고 생각해 즉시 사진이나 동영상을 찍으려는 시도를 할 것이다.

더 알아보기 ◇◇◇◇◇◇◇◇◇◇◇◇◇◇◇◇◇◇◇◇◇◇◇◇◇◇◇◇◇◇◇◇◇◇◇◇◇◇

● **불법촬영에 대처하는 방법**

상대방이 자신을 찍고 있다는 느낌이 들면 바로 문제를 제기해 주변 사람 중 도움을 줄 사람을 지목해 도움을 요청한다. 확실하지 않거나 두려움이 있을 경우 상대방이 눈치 채지 못하게 '지하철 안전지킴이' 어플을 활용해 신속하게 신고하는 것이 효율적이며 증거 확보에도 유리하다.

촬영(범행) 중인 상대를 촬영하는 방법도 있다. 주저하게 되겠지만 이는 초상권 침해 같은 문제에 걸리지 않는다. 상대가 문제를 삼는다면 지구대로 동행할 이유가 더욱 충분해진다. 걱정하지 말고 용기를 내서 대처하도록 하자.

- **의심스러운 상황에 처했을 때 신고하는 방법**

  신고할 전화번호가 생각나지 않을 때는 110이나 112를 이용한다. 대면한 상태에서 전화로 신고하기 무서운 경우에는 문자 신고를 이용할 수 있다. '112 문자 신고', '서울메트로1577-1234 문자 신고', '코레일1544-7769 문자 신고'

- **문자신고 방법**

  열차의 통로문 위쪽에 있는 열차번호를 확인한다. ···→ 어느 방향으로 가는지 현재 어느 역을 지나고 있는지 확인한다. ···→ 열차 시간을 확인한 뒤 앞의 내용을 문자로 보낸다. ···→ 도착 예정역 해당 열차칸에 철도경찰이 대기하고 있다.

멀쩡해 보이는
변태

Q 동기들과 이야기하다 남자들은 예쁜 여자들을 보면 성적 목적이 아니더라도 사진을 찍는 경우가 종종 있다는 얘기를 들었습니다. 그 후 지하철에서 졸던 중 의심이 가는 행동을 하는 사람과 마주쳤는데, 상대방이 너무 점잖은 신사 느낌이어서 그냥 넘어갔던 적이 있습니다.

불법촬영 범죄를 하는 사람들이 모두 특별히 강간 등 성범죄 경력이 있는 것이 아니다. 오히려 평소에 우리가 흔히 볼 수 있는 평범한 사람들이 많다. 또는 사회적으로 일정한 지위가 있는 사람들도 적지 않다. 막상 체포되었을 때 보면 주변 사람들을 깜짝 놀라게 할 만한 번듯한 직업을 가지고 있는 경우도 있다. 공무원, 약사, 의사, 교사, 법조인도 있다. 그들은 다만 겉으로 남들에게 보이는 직업이 사회적 위치를 가지고 있을 뿐이다. 단지 후광효과 때문에 변태적 행동을 하지 않을 것이라고 생각하게 되는 것이다.

그들 중에는 내면에 성적 환상이나 다양한 호기심을 가지고 있지만 사회적 체면 등으로 인해 실행을 하지 못하고 있는 사람들도 있다. 불법촬영을 일삼는 사람들의 심리는 접촉음란증, 즉 치한의 심리와도 유사하다. 번듯한 직업을 가진 사람들은 일반적으로 머리 회전이 빠르기 때문에 성적 환상이나 호기심을 충족시키면서 발각될 확률이나 가능성이 낮은 경우, 즉 성공 확률이 높다고 판단하면 시도하지 않을 이유가 없다.

더욱이 불법촬영은 접촉음란증과 달리 직접적으로 육체적 접촉을 함으로써 발생될 수 있는 위험을 줄이고, 만일 성공하면 피해자의 신체 사진이나 동영상을 확보할 수 있다는 점에서 더욱 매력적이라고 생각할 수 있다.

휴가지의
불법촬영

Q 친구들과 여름휴가를 갔을 때 일입니다. 외국인이 아주 노골적으로 사진을 찍었지만 외국어로 항의를 할 수가 없어서 넘어갈 수밖에 없었습니다. 또 어떤 사람은 원거리 렌즈를 이용하여 클로즈업으로 사진을 찍는 것을 목격했습니다. 워낙 넓고 북적이는 바닷가라 경찰에 출동 요청을 하기도 애매했던 기억이 있습니다. 붐비는 사람들 중에 그 사람을 다시 찾는 것도 불가능했습니다. 여름철 해변 같은 넓고 사람이 많은 곳에서 불법촬영이 의심될 때 어떻게 행동해야 하나요?

사람이 붐비는 해변 등에서 발생하는 불법 촬영자의 대응 방식은 크게 두 가지로 나뉜다. 우선 많은 사람들이 붐비는 곳에서 대놓고 촬영하다가 항의하면 인파 속으로 사라지는 경우다. 또는 망원경이나 원거리 렌즈를 이용해 비교적 멀리 있는 장소에서 촬영하는 경우다.

원거리에서 촬영하는 가해자는 직접 몸을 부비는 접촉음란증이나, 옆에서 스마트폰을 이용해 사진이나 동영상을 찍는 불법촬영 범죄보다 자신의 방법이 비교적 안전하다고 생각할 수 있다. 굳이 피해자와 가까운 지점까지 접근하지 않고 근처 건물의 옥상 등 시야가 확보된 곳에서 자신을 드러내지 않은 채 피해자의 몸이나 원하는 부위를 촬영할 수 있다. 장비를 이용해 피해자와의 물리적 원거리를 기계적 근거리로 만드는 것이다.

특히 여름철 피서지에서는 피해자들이 자신의 몸매를 뽐내기 위해 자발적으로 비키니를 입고 누워 있다. 그러므로 이러한 행위의 결과 발생할 수 있는 자신의 죄책감을 줄이고 책임을 피해 여성의 탓으로 돌릴 수 있어 심리적 안정감이 훨씬 크다. 몸매를 드러내려는 여성들의 욕구를 자신이 수용하고 있으며 고가장비를 이용해 촬영하는 자체를 보통 불법촬영 범죄를 저지르는 사람들의 행동과는 차이가 있다고 생각한다. 자신의 행위를 소위 예술작품을 만드는 과정으로 간주하기도 한다.

이러한 위험성에 노출될 수 있는 가능성을 감안해 민감한 부분은 타월 등으로 가리고 일광욕을 하는 것이 바람직하다. 원거리 렌즈 등을 이용해 촬영하려는 의도를 가진 변태적인 남성의 의도를 예방하는 것은 현실적으로 매우 어렵다.

한편 피서객 차림의 잠복 경찰이 아무리 단속을 해도 붐비는 휴

228

가지에서 불법촬영에 대응하는 것에는 물리적 한계가 있다. 찍히는 사람조차 인식하지 못하는 경우가 많고, 외국인들의 촬영이 늘면서 대응이 더욱 어려워졌다. 만약 수상하다는 생각이 들면 그 사람의 얼굴을 찍어두는 것이 좋다. 심리적 부담감을 느낀 범죄자가 스스로 사진을 삭제하게 하는 효과를 낼 수도 있고, 신고 시 중요한 정보로 활용할 수도 있다. 붐비는 해수욕장에서 자신이 있는 곳의 망루 위치를 미리 파악해두면 가해자를 신속히 검거할 수 있으니 이 또한 참고해야 한다.

한 가지 덧붙이자면 휴양지에서 범죄의 피해자가 되지 않기 위해서는 스스로 분위기를 잘 파악해야 한다. 들뜬 마음에 휴양지에서의 복장(비키니 등)을 하고 편의점 등 일반 주민들의 생활권으로 들어오는 행위 역시 조심해야 한다. 피해자의 책임성이 특히 강조되는 부분이다.

6장

기타
범죄

여성 운전자에 대한
사기

Q 겁을 많이 먹는 여성 운전자의 약점을 이용한 범죄가 점점 더 늘
고 있는 것 같습니다. 운전자들은 실제로 여성 운전자의 이런 점을 악
용하는 건가요?

 이면도로와 주택가 골목에서 서행 중인 차량의 사이드미러에 일
부러 손을 부딪혀 액정이 깨진 스마트폰을 바닥에 떨어뜨리는 방
법으로 운전자를 속여 합의금을 챙긴 사례가 있다. 주로 여성이 운
전하는 차량을 대상으로 범행을 저질렀는데, 손을 부딪혀 항의한
다음 다친 곳은 없으니 스마트폰 액정 수리비의 반만 물어내라고
하는 수법이었다. 처음에 피해자는 인사사고로 인지했다가 대물사
고로 확인되자 다행이라 여기게 되었고 보험처리를 하는 것보다
현금으로 보상하는 것이 유리하다는 생각에 가해자가 하자는 대로
합의를 해주었다.

이는 휴대폰 신종치기라는 범죄 수법이다. 누구나 당할 수 있는 신종범죄로 반드시 여성만이 당하는 범죄는 아니다. 남성 혹은 어린아이들도 당할 수 있다. 그러나 가해자들에게 여성은 역시 좋은 범죄 대상이다.

CCTV 혹은 블랙박스 화면을 자세히 보면, 자동차가 사람의 팔을 친 게 아니라, 자동차가 지나갈 때 들고 있던 스마트폰을 일부러 떨어뜨리는 게 보인다. 그렇지만 이런 상황에서는 자세히 따져볼 정신적 여유가 없다. 단지 사람을 다치게 하지 않았다는 사실이 다행스러울 뿐이고 상대가 수리비의 반만 주면 바로 합의하겠다고까지 나오니 호의를 가질 수도 있다. 이와 더불어 교통사고 발생 시 처리비용이 소액일 경우에는 운전자들이 보험처리를 꺼리기 때문에 현금으로 해결하도록 유도하기 쉬웠던 것이다.

이런 경우에는 현장에서 바로 현금을 지불하지 말고, 계좌번호와 이름 등 개인 신상정보를 요구함으로써 상대가 위축되도록 하는 것이 좋다. 계좌로 송금을 하겠다고 하면서 블랙박스 등을 다시 한 번 확인해보는 것도 필요하다. 만일 슬슬 피하면 100퍼센트 사기이다. 범인은 돈만 받고 현장을 떠나고 싶은데 피해자가 신상정보를 요구하니 마음이 불편할 것이다.

혼인을 이용한
범죄

Q 경제가 어렵고 취직이 힘들어지면서 친구들 사이에서 부잣집 아들을 만나 취집이나 하면 좋겠다는 말이 나오더군요. 일부 여성들의 저런 생각이, 여자는 돈이면 다 따라온다는 남자들의 잘못된 인식을 만들 수 있을 것 같아 걱정입니다.

결혼은 일생의 대사이다. 아주 중요한 일이기 때문에 신중하게 결정해야 하는 것이다. 따라서 결혼사기 범죄는 피해자의 책임을 묻지 않을 수 있다.

A는 20대 여성 두 명에게 결혼을 약속한 뒤 회사 확장 때문에 돈이 필요하다는 명목으로 1억 8,000만 원을 받아 가로챘다. A는 자신을 부잣집 아들이라고 소개하고 혼인신고서까지 작성하여 사기를 쳤는데, 여성들이 별 의심 없이 쉽게 넘어왔다고

말했다.

부잣집 아들이라고 하면서 여성을 속여 결혼하는 수법은 이미 오래된 전형적 사기 수법이다. 따라서 이런 형태의 사기 피해는 피해자 스스로 부잣집 아들을 만나 팔자를 고쳐보려는 생각에서 덤벼든 것이 커다란 원인이 된 것이다.

소위 신데렐라 신드롬이다. 혼인빙자간음죄가 없어진 이유는 성인이 된 여성의 성적 자기결정권을 존중하는 사회적 분위기를 반영한 것이다. 국가가 거기까지 개입하지 않겠다는 의도가 반영되었다. 하지만 혼인빙자간음 행위를 처벌하지 않음으로써 법적 구속력이 사라진 것을 범죄자들이 악용할 수 있으므로 주의해야 한다.

이런 피해를 당하지 않기 위해서는 상대의 재력 등 능력만 보지 말고 다양한 각도에서 정확히 상대를 바라보고 인생을 결정하는 눈이 절대적으로 필요하다.

오토바이
날치기

Q 오토바이에 탄 남성이 지나가던 한 아주머니의 가방을 낚아채려고 했는데 아주머니가 놓지 않으려 하다가 결국 바닥에 나뒹굴어 크게 다치게 된 영상을 본 적이 있습니다. 이런 범죄의 표적이 되지 않으려면 어떻게 행동해야 할까요? 업무상 은행에서 현금을 출금하는 일이 많아 걱정이 됩니다.

음식 배달원이 잠시 세워둔 오토바이를 훔쳐 타고 여성들을 노려 상습적으로 가방을 낚아채 달아난 사건이 있었다. 가해자는 서울 강남 일대를 돌아다니며 범행 대상을 물색했는데 힘이 약한 여성들이 그의 표적이었다. 범죄는 늘 약한 상대를 지향하는 경향이 있다. 특히 픽치기의 피해자는 남성보다 여성들이 대부분이다.

순간적으로 당하기 때문에 발만 동동 구르는 것 말고는 더 이상 할 일이 없다. 그래도 몸을 다치지 않았으면 다행이다. 본능적으로 가방을 놓치지 않게 위해 버둥대다가 큰 부상을 당했을 수도 있기 때문이다. 다치지 않기 위해 순간적으로 가방을 놓아버리는 일도 쉽지 않지만, 어쨌든 이때 가장 중요한 것은 넘어질 때 머리를 다치는 등 큰 신체적 피해를 입지 않도록 하는 것이다.

회사의 경리 업무나 개인적으로 은행에서 현금을 출금한 뒤에는 특히 조심해야 한다. 당신이 현금을 인출하는 모습을 누군가가 지켜봤을 수도 있다. 범인은 그 돈이 어디에 들어 있다고 생각할까? 당연히 돈이 가방 속에 들어 있을 거라고 예상한다. 이러한 범죄로부터 피해를 입지 않으려면 일단 가방을 차도 쪽이 아닌 인도 쪽으로 매고 가야 한다. 겨울일 경우 가방을 먼저 맨 다음 겉옷을 그 위에 겹쳐서 입는 것도 좋은 방법이다.

길거리
접근

Q 길거리에서 전화번호를 달라고 하거나 술 한잔하자며 따라오는 사람을 만난 적이 있습니다. 워낙 번잡한 유흥가에서 그랬기 때문에 무시하며 걷다가, 너무 끈질기게 따라 오는 바람에 건물 안쪽으로 피했습니다. 그런데 나중에 생각해보니 아찔한 감정이 들었습니다. 그 사람이 계속 따라 왔으면 어두운 건물 안에 둘만 남게 되었을 테니까요. 이런 경우에는 어떻게 현명하게 빠져나갈 수 있을까요?

그리고 제가 분명 싫다고 강하게 이야기하면서 소리도 질렀는데 주변 사람들이 아무도 신경 쓰지 않고 그냥 지나갔습니다. 이런 상황에서 어떻게 해야 행인들에게 도움을 받을 수 있을까요?

철저히 남성적 시각에서 본다면 길거리에서 여성에게 달려가 전화번호를 알려달라고 하고, 차를 한잔하자는 것은 남자의 마초적 본능에 의한 행동이다. 그렇게 해서 연애에 성공하고 결혼까지 한

커플이 없는 건 아니다. 남성들이 그러한 행동을 하는 데에는 심리적 배경이 있다. 그 배경은 '열 번 찍어 안 넘어가는 나무는 없다', '용기 있는 자만이 미인을 얻는다'는 말로 표현된다.

남자들은 주변 사람들이 자랑스러운 듯 떠벌리는 무용담을 듣고 '나도 한번?'이라는 생각을 하며 자신의 행동을 합리화한다. 이런 종류의 이야기들은 상대가 응해주거나 흥미를 보일 때에만 해피엔딩을 맞을 것이다. 그러나 세상일은 그렇게 마음대로 되지 않는다. 요즘은 열 이 아니라 백 번을 찍어도 넘어가지 않는 나무가 많다. 그래서 올라가지 못할 나무는 쳐다보지도 말라는 이야기가 있지 않은가? 상대의 의사와 관계없이 막무가내로 접근하는 남성은 여성에게 공포의 대상일 뿐이다.

특히 유흥가에서 아무 여성에게나 접근해 술을 마시자고 하거나 사귀자고 하는 남성의 행동은 그 순간의 즉흥적인 기분일 가능성이 다분하지 않은가? 또 치근거리면서 따라 오는 행위는 처음부터 의도적인 납치에 비해 상대적으로 덜 위험하지만 술을 마신 남성은 어떤 행동을 할지 모르기에 위험하긴 마찬가지이다. 그런 상황에서 여성은 당연히 경계할 수밖에 없다.

이러한 상황에서 끈질기게 따라 오는 남성을 피한답시고 잘 모르는 건물 안으로 들어가는 것은 자신을 더 큰 위험에 빠뜨릴 수 있다. 건물 구조도 잘 모르고 누구에게 도움을 받을 수도 없는 공간에서 남성과 단둘이 있게 될 가능성이 커지기 때문이다.

한편 여성이 싫다고 거부의사를 밝히면서 길거리에서 고함을 질렀는데도 주변 사람들이 아무런 신경을 쓰지 않고 지나가는 데는 다 이유가 있다. 늦은 밤 유흥가에서 젊은 남녀가 실랑이를 벌이는 것은 비교적 흔한 일이다. 그리고 사람들은 남의 사랑싸움에 끼어들었다가 불필요한 시비가 붙을까 봐 섣불리 참견하고 싶어 하지 않는다. 그래서 일부러 모른 척하고 총총히 자기 갈 길을 갈 뿐이다.

사람들이 비상사태를 보고도 남을 돕지 않는 것은 사람들이 비인간화되고 냉담하며 무심해졌기 때문이 아니다. 목격자가 많을수록 개인의 책임이 분산되어 원조행동을 억제하기 때문이다. 이를 책임감 분산이론이라고 한다. 그래서 도움을 청할 때는 지나가는 사람 중 듬직하게 생긴 사람을 골라 자신의 상황을 설명하고 구체적으로 도움을 청해야 한다.

더 알아보기 ⟩⟩⟩◇◇◇◇◇◇◇◇◇◇◇◇◇◇◇◇◇◇◇◇◇◇◇◇◇◇◇◇◇◇◇◇◇◇◇

● 책임감 분산이론이란 무엇인가?

1964년 미국의 뉴욕 시에서 제노비스 증후군으로 명명된 사건이 있었다. 한 20대 여성이 대낮에 많은 사람들이 지켜보는 공공장소에서 노상강도를 당했다. 이 여자는 40분 동안이나 끌려다니면서 위협을 받다가 결국 살해당했다. 40분 동안 많은 사람들이 보는 공공장소에서 위협을 받았는데도 불구하고 아무도 그걸 제지하지 않았으며 심지어 경찰에 전화를 걸지도 않았다.

당시 윤리 문제를 집중 거론하였지만 많은 학자들은 이에 의문을 제기하였고 이에 대한 연구들이 이루어졌다. 다양한 연구 결과 가운데 심리학자에 의해 제기된 이론에 사람들은 특히 주목했다. 이 이론은 연구를 거쳐 '책임감 분산이론'이라고 명명되어 세상에 자신의 존재를 드러냈다.

책임감 분산이론이란, 책임감은 그 사건과 관련된 사람들의 수와 반비례한다는 것으로 특정 사건에 책임을 질 사람이 많아지면 자신의 책임을 다른 사람에게 전가하는 현상이 나타나는 것을 의미한다. 이 이론은 여러 사회적 현상에 적용되고 있는데, 어떤 위험한 상황이 발생할 경우 특정인을 지목하여 도움을 청하거나 다수의 사람들에게 각각 다른 임무를 부여함으로써 책임을 전가하지 못하게 하는 무수히 많은 방법들이 이 이론에 기초하고 있다.

◇◇

납치

Q 중학생 시절 전집을 구경시켜주겠다는 아저씨를 따라 낯선 봉
고차에 오른 적이 있습니다. 그때는 순진한 학생이어서 비싼 전집을
품에 안고 차에서 내렸는데요. 그 뒤로 문득 '만약 납치였다면?' 하는
생각이 들어 등골이 오싹했던 경험이 있습니다. 이런 식으로 납치하
는 경우가 종종 발생하고 한번 목표가 되면 쉽게 빠져나올 수도 없다
고 하는데 어떤 상황을 조심해야 할까요?

유인에 의한 납치

납치란 흔히 일어나는 범죄는 아니지만 발생했을 경우 그 위험성
이 상당히 높다. 범죄자가 피해자에 대해 본격적으로 주도권을 쥐
는 시점은 피해자를 납치하는 순간부터 시작된다. 흉기로 위협해
피해자를 자신의 차량에 태우는 순간 세상이 달라지면서 삶과 죽
음의 양 갈래 길에 서게 될 수 있다. 실제로 봉고차 내에 옷을 진열
해놓고 구경하러 들어오라고 한 다음 납치한 사례도 있다.

특히 생활광고지에 나이를 명시한 구인광고를 내 피해자들을 유인하는 경우도 있다. 구직을 하려는 젊은 여성들은 늘 기회를 잡고자 하는 생각이 있으므로 별다른 의심 없이 덫에 걸릴 수 있다. 전혀 모르는 남성을 만나기 위해 여성 혼자 그 장소에 간다는 사실만으로 피해자의 운명은 갈릴 수 있다.

사전에 충분히 조심하지 않고 이미 처져 있는 덫으로 들어가면 그다음부터는 범죄자의 결심에 의해 운명이 갈릴 수밖에 없는 상황이 된다는 사실을 늘 명심하자. 낯선 사람을 만나러 가야 한다면 집을 나서기 전 어떤 일로 누구를 만나러 가는지, 또 그 사람의 연락처가 무엇인지를 미리 주변 사람들에게 알리자.

지하주차장에서의 납치

지하주차장에서 범죄가 많이 발생히는 이유는 범죄자들이 본능적으로 음습하고 어두운 곳을 선호하기 때문이다. 범죄 행위가 남의 눈에 띄지 않아야 한다는 것을 그들은 너무나 잘 알고 있다. 인적이 뜸한 지하주차장에 주차를 해야 할 경우에는 가능한 한 불빛이 밝거나 CCTV가 잘 설치된 곳을 골라야 한다. 보통 차문을 열고 차에 오르면 일정속도가 될 때까지 차문이 그대로 열려 있는 경우가 대부분이다. 그러나 인적이 드문 곳에서 차에 오를 때는 인위적으로 차문을 바로 잠그는 습관을 길러야 한다.

차에서 내리기 전에는 좌우 사이드미러와 룸미러를 통해 주변에 어슬렁거리는 사람이 있는지 확인한 뒤에 내리는 것이 좋다. 특히 밤늦게 퇴근하는 경우는 더욱 조심해야 한다. 천안의 대형마트 지하주차장에서 벌건 대낮에 쇼핑을 마치고 차에 타려는 여성에게 흉기를 들이대며 납치해 결국 살해한 김일곤 사건을 기억하라.

이런 경우를 대비해 경보기 같은 호신기를 항상 지녀야 한다. 단, 돌발 상황에 대비해 즉시 사용하는 연습을 사전에 하지 않으면 갑자기 그런 상황이 닥쳤을 때 아무런 대비도 할 수 없음을 알아야 한다.

일행으로 위장한 납치

대낮의 거리 한복판에서 납치가 벌어진 일이 있다. 범인이 갑자기 손을 낚아채 제압하려 하는데, 마침 피해자 눈에 사람들이 보여 고함을 지르면서 도움을 요청하려 했다. 그런데 범인은 태연하게 "여자친구인데 술을 많이 마셨네요" 하고 말하며 상황을 벗어났고, 결국 피해자는 흉기로 위협을 당하며 범인의 집까지 끌려가게 되었다.

이런 경우에서 벗어나려면 높은 데시벨의 목소리가 녹음되어 있는 호신용 경보기를 즉각 누르는 것이 좋다. 녹음 기능을 이용하여 '위험에 빠져 있다. 이 사람은 내가 아는 사람이 아니다'라는 구체적인 말을 녹음해두는 것이 좋다. 이런 일이 얼마나 일어난다고 이렇게 귀찮은 일을 해야 하냐고 생각할지도 모른다. 그러나 사람의 삶과 죽음의 갈림길은 이런 준비성에서 결정난다. 시험을 잘 못 봤다면 다음번에 다시 응시하면 되지만 이런 상황에 처해 범인의 마수로부터 탈출하는 데 실패한다면 생사가 갈린다.

범인이 아무리 그럴 듯하게 일행인 척하더라도 일단 높은 데시벨의 경보기가 울리면 범인은 당황해서 납치를 포기하고 그 지역을 이탈할 것이다. 설사 그가 실제 남편이라고 할지라도 본인의 신분을 밝힐 때까지는 범인으로 오해를 받을 정도로 경보기는 강력한 효과를 발휘할 수 있다.

언어폭력

Q 남성이 저지른 범죄에 대한 기사를 읽은 뒤 SNS에 개인적인 의견을 올렸는데, 모르는 남성이 그 글의 댓글에 입에 담을 수 없는 욕을 써놓았습니다. 그것도 모자라 저와 친구관계에 있는 남성들의 계정에 들어가 제가 남성을 혐오하는 사람이라는 글을 남겨놓았습니다. 이런 일 때문에 정신적으로 무척 힘들었는데요. 그런데 생각해보면 여성들은 남성에 비해 폭언에 시달리는 경우가 더 많은 것 같습니다. 운전할 때에도 운전자가 여성임을 확인하면 더 많은 욕이 날아오는 경우가 다반사입니다. 이렇게 억울한 일이 많은데 어떻게 대응해야 하지요?

다른 사람의 계정에 악플을 다는 사람들은, 익명성을 이용한 욕설을 통해 상대가 스트레스를 받게 함으로써 스스로 존재감을 느끼는 비겁한 부류일 가능성이 높다. 여성들 가운데에도 겉으로 봐서는 평범하게 보이지만 인터넷상에 악플을 달 때에는 악마의 모습으로 변하는 사람들이 종종 있다.

상대는 자신의 행동에 안절부절 못하는 모습을 가장 기대하고 즐긴다는 사실을 명심해야 한다. 여기에는 두 가지 대응 방법이 있다. 멘탈을 강화시켜 신경을 쓰지 말고 그러려니 하든지, 아니면 철저하게 응징하는 것이다. 명예를 훼손하는 부분은 지속적으로 캡처해서 자료를 모은다. 단 한 번의 제스처에 일희일비하면서 대응하면 그쪽의 전략에 말려 들어가는 것이고 오히려 상대의 자존감을 세워주는 결과를 초래한다.

다시 한 번 말하지만 상대는 자신의 행동으로 인해 스트레스를 받아 안절부절 못하는 모습을 가장 기대하면서 즐기고 있다는 사실을 명심해야 한다.

최근 보복운전과 관련된 시비가 사회문제로 떠올랐다. 이는 여성에게 국한된 문제가 아니라 남성 운전자들에게도 해당되는 것이다. 결론적으로 보복운전 하는 사람이 최종적으로 손해를 보게 되어 있다. 보복운전으로 인한 대형 교통사고와 인명손실로 인해 관련 법률 및 처벌이 크게 강화되었다.

요즘에는 대부분의 차에 블랙박스가 장착되어 있으므로 그런 행위는 그대로 녹화 또는 녹음이 된다. 이때 중요한 것은 블랙박스의 내부음성 녹음기능을 항상 켜둬야 한다는 점이다. 또 욕만 하고 가는 경우 지나가는 개가 짖는다고 생각하고 신경 쓰지 않으면 그만이지만, 상대 운전자가 추월하여 차를 앞에 세우거나 트렁크에서 흉기 등을 가지고 나온다면 특히 조심해야 한다. 이때는 절대 차 밖으로 나와서는 안 된다. 반드시 차문을 걸어 잠그고 바로 112에 신고해야 한다. 간혹 증거를 남기기 위해 휴대폰으로 촬영을 하는 경우가 있는데, 이런 행동은 상대를 더 자극할 수 있으므로 자제하는 편이 좋다.

사회적
범죄

Q   여혐, 남혐이라는 말이 나올 정도로 사회적 분위기가 양분화되어가는 것 같아 안타깝습니다. 강남역 살인사건 이후로 여성혐오 범죄와 묻지 마 범죄에 대한 문제가 극에 달했는데요. 이런 범죄의 대상이 되지 않는 방법이 없을까요? 그리고 최근 들어 늘어나고 있는 정신이상자나 분노조절 장애에 의한 범죄의 피해자가 여성인 경우가 많은데, 왜 그들은 분노표출의 대상을 여성으로 정하는 것인가요?

여성혐오 범죄

범인들은 보통 어떤 행동을 했을 때 자신에게 어떠한 영향이 있을 것인지 미리 계산을 해본다. 즉 범죄 경제학적 측면에서 범죄에 접근하고 계획한다. 최소한의 노력으로 최고의 효율을 추구하는 그들은, 이런 이유에서 강한 상대보다 약한 상대를 선호한다.

그렇다면 노인이나 어린아이도 약한 상대인데 왜 하필 여성을 대상으로 하는가? 이러한 행동을 하는 남성들은 젊은 여성에 대한 콤플렉스나 열등감을 가지고 있는 경우가 많다. 자신의 열등감 원천을 젊은 여성이라는 대상에 뒤집어씌운 것이다. 아무런 이해관계도 없는 상태에서 갑자기 테러를 당하는 입장에서는 황당하기 짝이 없는 노릇이다.

> 30대 남성 A는 서초구 서초동의 한 상가 건물 공용화장실에서 B의 왼쪽 가슴과 어깨 등을 흉기로 수차례 찔러 숨지게 했다. A는 범행 직후 달아났으나 아홉 시간 만에 잡혔다. 피해자 B는 10분 뒤 일행에게 발견되어 병원으로 옮겨졌으나 숨졌다. A는 범행 이유에 대해 "여자들이 나를 무시해서 그랬다"고 말해 여성혐오 범죄에 대한 논란을 타오르게 했다.

사건이 일어난 장소와 같이 남녀공용화장실에서의 범죄가 심심치 않게 일어나고 있다. 안쪽은 나뉘어져 있더라도 출입문이 하나인 형태의 화장실은 가해자가 숨어들기 좋은 구조로, 이용자가 들어가면서 외부 출입문을 잠그는 경우가 많아 범죄를 목적으로 숨어든 가해자에게 아주 좋은 장소가 된다.

이런 구조의 화장실을 이용할 경우에는 혼자보다는 다른 사람과 동행할 것을 권한다. 또한 외부 출입문으로 들어갈 때 내부에 사람이 있는지 우선 확인한 뒤에 문을 잠궈야 한다.

정신이상자에 의한 범죄

최근 들어 끔찍한 범죄가 일어난 뒤에 범인에 대해 조사를 했더니 '조현병' 환자였더라는 기사가 심심찮게 나오고 있다.

> A는 한 대형마트 앞 길가에서 가로수 지지대를 뽑아 길을 가던 70대와 20대 여성을 무차별 폭행했다. 범행 다섯 시간 전에는 50대 여성에게 욕설을 하며 주먹을 휘둘렀고, 나흘 전에는 다른 마트 앞에서 주차되어 있는 차량을 망치로 파손하기도 했다. 평소 조현병을 앓았던 A는 스스로 정신분열 증상을 부정하면서 정신과 처방 약을 복용하지 않아 심각한 상태였다.

이것은 여성혐오 묻자마 범죄 등으로 명명할 수 있는데 조현병으로 인해 불특정 다수에 대한 공격으로 이어졌다. 이런 경우 예방검거를 할 수도 없는 일이다. 조현병을 앓고 있더라도 여러 가지 종류가 있다. 늘 혼자서 이야기를 하는 사람은 환청과 망상에 시달리는 사람일 가능성이 크다. 그러므로 그곳을 지나갈 때는 상대의 상태를 확인하면서 걷는 것이 중요하다. 즉 깨어 있어야 한다.

휴대폰을 들여다보면서 길을 걷거나 이어폰을 착용해 오감을 스스로 차단시킨 상태로 걸어가다가 갑자기 공격을 당하면 훨씬 더 위험할 수 있음을 명심해야 한다.

분노조절 장애로 인한 범죄

분노 표출 대상을 여성으로 정하는 이유는 여성이 단순히 약한 상대이기 때문이다. 다음의 사례를 보자.

> 10대 소년인 A는 한 아파트 공원에서 산책을 하고 있던 20대 여성 B에게 아무 이유 없이 등산용 지팡이로 폭행을 가했다. 가족들에게 꾸중을 듣고 집을 나온 A는 아파트단지 안에 있는 재활용 창고에서 등산용 지팡이와 절연 테이프를 주운 뒤 자정 쯤 공원벤치에 앉아 B를 지켜보다가 범행을 저질렀다. A는 범 행동기에 대해 B가 통화를 하며 걸어가는 모습이 너무 행복해 보여서 순간적으로 열등감이 폭발했기 때문이라고 말했다.

분노조절 장애는 충동통제 장애의 하위 개념인데, 충동성은 사고나 행동이 단순하고 감정적이며 어디에 속박되거나 제약을 받기 싫어하는 인성특질이다. 자제력이 약하며 기분 나는 대로, 하고 싶은 대로 행동한다. 충동성의 특징으로서는 단순성, 사태의 감정적 처리, 즉흥성, 폭발성 등이 있다. 판단이나 행동이 기분에 좌우되고, 침착성과 자제력이 결여되는 경향을 뜻한다.

충동통제 장애란 여러 가지 종류의 충동이 조절되지 않은 채 부적응적 행동양상으로 나타나는 경우다. 〈정신 장애의 진단 및 통계 편람 제4판〉에서는 충동성을 가장 중요한 진단기준에 포함시키고 있으며 이 진단기준에 해당하는 사람들의 경우 충동성이 높고 이를 통제할 수 있는 능력이 부족한 것으로 기술되어 있다.

〈정신 장애 진단 및 통계 편람 제4판〉에 나오는 분노조절 장애는 간헐적 폭발성 장애라고도 한다. 간헐성 폭발성 장애는 상황에 비해 지나친 분노를 폭발시키는 증상으로 위협을 가하거나 물건을 던지고 부수는 등의 공격적 행동, 재물의 파괴 등으로 나타난다. 운전을 하면서 앞의 차를 바짝 뒤쫓으며 경적을 울려대는 행위도 이 범주에 속한다고 할 수 있다.

더 알아보기

● 자극 전환이론이란 무엇인가?

자극 전환이론은 일명 화풀이 이론이다. 심리적 분노는 일단 발생하고 난 후 시간이 경과함에 따라 점차적으로 소멸되어간다. 하지만 때로는 한 장소에서 전혀 관련 없는 다른 장소로 전환되면서 심리적 분노가 전환된다. 직장에서 스트레스를 받은 직장인이 퇴근 이후 가족들에게 화풀이하는 경우다. 이 이론에서는 직장에서 여러 가지 이유(업무적 부담, 상사와의 불화, 동료와의 다툼, 실적 부진 등)로 화가 난 상태에서 귀가하면 사소한 일에도 사전에 가지고 있었던 분노를 기초로 가정에서 공격성이 발생할 수 있다고 말한다.

소지품
분실의 대가

Q 소지품을 잃어 버렸을 때 2차 범죄를 막기 위한 평소 예방책 및
조치가 궁금합니다.

단지 소지품을 잃어버렸을 뿐인데, 더 큰 피해가 뒤따라오는 경
우가 있다. 다음의 사례를 보자.

A는 휴대전화와 지갑이 들어 있는 B의 핸드백을 습득한 뒤 휴
대전화를 뒤져 B의 남편에게 카드 비밀번호 등의 금융정보를
묻는 문자를 보냈다. 건망증 때문에 질문을 했다고 생각한 남
편은 카드 비밀번호 등의 정보를 보내주었고, 무언가 이상하다
는 사실을 눈치 챘을 때에는 이미 통장의 돈이 모두 인출되어
있는 상태였다.

범인은 습득한 전화기에서 '남편'이라고 저장된 번호를 확인하고 문자를 보내 중요한 금융정보를 습득했다. 범인은 상당한 범죄적 소질이 있는 사람으로 추측된다.

휴대전화에 다른 사람의 번호를 저장할 때는 관계를 나타내는 용어보다 이름을 그대로 저장하는 편이 안전하다. 쉽게 기억하기 위해 특별한 설명을 덧붙이는 경우도 있는데 저장자명은 간단할수록 좋다. 사례와 같이 습득자가 용어를 보고 관계를 파악하여 중요한 정보를 알아낼 수 있기 때문이다.

휴대전화 등 중요한 정보가 들어 있는 물건을 분실했을 때는 가까운 사람들에게 먼저 분실 사실을 알려야 한다. 또 비밀번호를 문자로 보내는 일은 매우 위험하므로 직접 전화를 걸어 확인하는 편이 낫다.

여행지에서의
범죄 피해

Q 한낮에 남녀 한 쌍이 커피를 건네면서 말을 걸어왔습니다. 자기들 종교를 홍보하려는 사람들이었는데요. 만남 장소가 사람이 잘 다니지 않는 곳인 데다, 근처에 정차되어 있는 차 안에서 제가 있는 쪽을 주시하고 있는 사람이 있어 불안한 마음에 거절하며 자리를 피했습니다. 하지만 정말 호의였을 수도 있겠다는 생각과 자칫하면 위험한 상황이 되었을 수도 있겠다는 생각이 공존해서 너무 당황스러웠습니다. 이런 경우는 해외에서도 마찬가지인데요. 친절한 한국 사람이라는 이미지에 누가 될까 봐 단호히 거절하기 힘든 상황인 것 같습니다.

얼마 전 대만 택시기사가 여성 여행객을 성폭행한 사건이 있었다. 택시투어를 진행하던 택시기사가 요구르트에 신경안정제를 넣은 뒤 한국인 관광객 세 명에게 건넸다. 요구르트를 마신 여성들이 10분 만에 의식을 잃자 정신이 있는 승객 한 명만 목적지에 내려준 뒤 인근 골목으로 택시를 이동시켜 남은 두 여성 중 한 명을 성폭행한 사건이었다.

해외에 나가면 기분이 들뜨는 건 당연하다. 해외여행 경험이 처음이라면 더욱 그럴 것이다. 외국에서 발생하는 모든 사건들은 낯선 환경과 원활하지 못한 언어소통 때문에 문제가 발생하더라도 대처하기가 더욱 어렵다.

성폭행을 저지른 대만의 택시기사는 국내 대형 포털사이트에서 블로그를 운영하고 있었다. 범인은 카카오톡 아이디를 만들어 택시투어를 홍보하고 예약고객을 모집했다. 그의 블로그에는 자신의 고객이 되어 여행을 했던 한국 여성들의 글과 사진, 동영상이 169건 올라와 있다. 사진 속 여성들은 이름과 얼굴이 그대로 노출되어 있다. 이는 한국 여성들의 피해가 더 있을 것임을 암시한다. 실제로 피해가 이번이 처음이 아닌 것으로 밝혀졌다. 누군가가 피해를 당하고도 신고하지 않고 그냥 넘어간 것으로 보인다. 범행을 했는데도 신고가 없다면 범죄행동은 더욱 강화되고 대담해지며 자신감을 가지게 된다.

약물이 든 음료수를 건네고 정신을 잃게 해 범행을 하는 것은 아주 오래된 수법이다. 아무리 오래된 수법이라 해도 피해자 입장에서는 처음 당하는 일이기 때문에 그런 수법에 당하는 사람은 늘 생긴다. 한국에서 택시기사가 고객에게 음료수를 건네는 일은 드문일이다. 그러나 관광지에서는 들뜬 기분에 호의로 베푼 음료수를 거절하기 어렵다. 더구나 전혀 모르는 사람이 아니라 한국에서부터 인터넷을 통해 알아보고 예약을 해서 온 상황이라 건넨 음료수를 선의로 해석해 먹었을 것이다.

범죄자는 피해자들이 자신의 공간으로 스스로 원해서 걸어 들어온 것이라고 생각하는 심리가 있다. 그래서 준비한 대로 약물을 이용하여 피해자를 항거불능 상태로 만들어놓고 범행을 한 것이다.

외국뿐 아니라 한국에서도 지나가는 사람이 권하는 음료수를 그냥 받아 마시기에는 너무 험악한 세상이 되었다. 누가 음료수를 권할 때 거절하기 힘들면 받아라. 그러나 음료수를 건네받았다고 해서 반드시 마실 의무는 없다. 만일 누가 음료수를 권한 뒤 자꾸 마시라고 강요한다면 마시지 않는 편이 훨씬 안전하다. 체질상의 이유를 대는 등의 방법으로 피하는 것이 좋다.

마치며

'강남역 묻지마' 살인사건을 두고 여성혐오 범죄인지 아닌지에 관한 거센 논란이 있었다. 이렇듯 최근 이슈가 되고 있는 이른바 여혐, 남혐 논란은 한국 사회의 남성 우월주의 풍조가 자초한 여성의 상내적 반발 현상이다. 군내 가산점을 둘러 싼 남녀 간 논란, 상내의 성을 비난하는 일부 네티즌 간의 갈등 등이 이러한 사회 현상의 발발에 일조했다.

그런데 생각해보자. 이 세상의 절반은 남성이고 절반은 여성이다. 남성과 여성이 없으면 어느 인간이 이 세상을 구경할 수 있었겠는가? 어머니, 할머니, 증조할머니 그리고 그 위로도 모두 여성이며, 아버지, 할아버지, 증조할아버지 그리고 그 위도 모두 남성이다. 옆으로 아래로 보더라도 누나, 여동생, 아내, 딸이 모두 여성이고, 오빠, 남동생, 남편, 아들 모두 남성이다. 어차피 인간은 남성과 여성이 어우러져 살게 되어 있다. 그래서 상대 성, 특히 여성을 혐오하고 비하하는 것은 자기 존재를 부정하는, 자신 없고 비겁한 행위이다. 뿐만 아니라 더불어 살아가는 시대정신에도 맞지 않는다.

그럼에도 불구하고 일부이긴 하지만 여성을 업신여기고 뒤에서 낄낄대는 남성들이 존재하며, 일부이지만 남성들을 인터넷상으로 비난하면서 여혐, 남혐을 구분하는 전문적인 여성들도 존재한다. 그런데 이렇게 갈등이 두드러진 분위기에서도 한국의 평범한 남녀 대부분은 그저 가정에서 식구들과 어울려 서로를 걱정하면서 살아가고 있다.

현실적으로 남성 범죄자들이 여성을 범죄 대상으로 삼는 경우가 많다. 그중에는 평소에 여성을 깔보는 생각과 사고를 가지고 있는 범죄자에 의한 범죄도 있다. 하지만 여성 대상 범죄 피해율이 남성 대상 범죄 피해율에 비해 상대적으로 높은 현상과 일부 남성들의 여성을 깔보는 분위기를 결합하고, 여성 혐오 현상과 여성 혐오 범죄를 동일시해버리면, 모든 여성 대상 범죄는 모두 여성 혐오 범죄가 된다. 그렇게 되면 매우 융통성 없는 결론에 이르며 새로운 갈등을 발생시킬 가능성이 커진다.

강남역 사건 이후 나의 자문을 요청한 여러 곳에서 범죄행동에 대해 설명을 할 때에도 여성 대상 범죄 피해에 대한 고민은 늘 화두였다. 나는 아내와 딸이 있는 한 사람의 가장으로서, 밤늦게 귀가하는 딸의 전화를 받고 자다가도 벌떡 일어나 차를 몰고 나가는 아버지다. 뿐만 아니라 매일 발생하는 범죄에 대해 관심이 많은 범죄학자로서, 범죄 피해 예방에 항상 관심을 두고 그에 대해 이야기해 왔다. 하지만 이러한 방법을 책으로 정리해보려는 노력은 지지부진했다.

그러던 중 작년 말 한 통의 전화를 받았다. 전화를 건 출판사 대표님은 여성범죄 피해 예방에 대한 책을 써보자는 제의를 했다. 그는 우리나라의 여성들이 제대로 된 범죄 예방 교육을 받지 못하고 있다는 현실에 안타까워하며, 우리가 직접 범죄를 막을 수 없다면 실제로 여성에게 도움을 줄 수 있는 책을 만들어보자고 했다. 그 과정에서 지금 출판사에서 일을 하고 있는 제자와도 연락이 됐다. 예전에 범죄심리학 책을 만들 때 나를 도와주었던 제자는 그 일을 계기로 출판업계에 진출했다. 제자는 이 책을 준비하면서 여성의 입장을 대변해주어 또 한 번 집필에 큰 도움을 주었다. 이 두 사람에 의한 제언과 조언이 없었더라면 이 책은 탄생하기 어려웠을 것이다.

범죄학적으로 범죄자에게는 범행 당시 주어진 상황에서 자신의 범죄 욕구를 충족시키기 위해 대상을 선택하는 기준이 분명히 존재한다. 바로 약한 대상이다. 단지 여성이 남성에 비해 약하다는 이유로 범죄 대상이 남성보다 여성이 될 가능성이 큰 것이다. 이 책에서는 약한 대상인 여성을 상대로 범죄를 저지르는 그들의 심리가 어떠한지, 그리고 어떻게 대처해야 하는지에 대해 그동안 차곡차곡 쌓아온 생각들을 담았다. 범죄 예방에 있어서는 현장의 상황에 따른 작은 차이가 매우 중요하게 영향을 끼치기 때문에 이 책이 모든 범죄를 예방하는 데 해답을 줄 수는 없을 것이다. 하지만 우리나라에서 일어난 사건 유형을 중심으로 기본적인 예방수칙을 이해하고 숙지한다면, 나 혹은 내 가족이 피해자가 되는 가능성은 낮출 수 있을 것이다.

남성보다 여성이 범죄 피해를 당하기 쉬운 한국에서 태어난 여성들은 지금 이 순간에도 범죄의 대상이 될까 봐 두려워하고 있다. 발생하는 범죄를 어떻게 명명하고 규정하든 범죄학적 측면에서는 여성들이 당하고 있는 범죄 피해를 줄이고 예방할 수 있는 다양한 방법을 강구하는 것이 발등에 떨어진 과제다. 나름대로 고민의 과정 속에서 만들어진 이 책이 한국의 많은 여성들에게 지혜를 줄 수 있는 계기가 되길 바란다.

범죄는 나를 **피해**가지 않는다
ⓒ 오윤성, 2017

초판 1쇄 발행 | 2017년 7월 30일
초판 3쇄 발행 | 2020년 5월 30일

지은이 | 오윤성
구 성 | 이선영
펴낸이 | 임현석

펴낸곳 | 지금이책
주소 | 경기도 고양시 일산서구 킨텍스로 410
전화 | 070-8229-3755
팩스 | 0303-3130-3753
이메일 | now_book@naver.com
홈페이지 | jigeumichaek.com
등록 | 제2015-000174호

ISBN | 979-11-959937-6-5 (03300)

이 도서의 국립중앙도서관 출판예정도서목록(CIP)은 서지정보유통지원시스템 홈
페이지(http://seoji.nl.go.kr)와 국가자료공동목록시스템(http://www.nl.go.kr/
kolisnet)에서 이용하실 수 있습니다.(CIP제어번호: CIP2017015434)

"한국출판문화산업진흥원 2017년 우수출판콘텐츠 제작 지원 사업 선정작입니다"